Bettina Stangneth

Überforderung

Putin und die Deutschen

ROWOHLT

Originalausgabe
Veröffentlicht im Rowohlt Verlag,
Hamburg, April 2023

Lektorat Willi Winkler
Covergestaltung Anzinger und Rasp, München
Buchgestaltung Anja Sicka, Hamburg
Satz aus der Chronicle Text G1
Gesamtherstellung CPI books GmbH, Leck
ISBN 978-3-498-00355-5

Für S.

The Germans are extraordinarily ambiguous.

John N. Gray,
englischer Philosoph,
in einem Interview
vom 13. Mai 2022

Es ist eine Enttäuschung. Was hat die Welt nicht aufgeboten, um diesem Land den Weg aus seiner selbstverschuldeten Verdunklung zu weisen! Wie viele Opfer wurden für Recht und Freiheit des Volks gebracht, in dem so viele fanatisch entschlossen waren, sich die Einigkeit des Herrenrassenlands zurechtzumorden! Wer immer noch daran zweifelt, ob eine moralische Besserung des Menschengeschlechts möglich sei, findet einen bleibenden Hinweis darauf in der Großmut, die die Sieger einem Volk bewiesen, das sich so unentschuldbar verirrt hatte: die große Nachsicht, das bedingungslose Vertrauen, selbst in Hitlers Deutschland Menschen zu erahnen, und die Hoffnung, dass auch ein Land, aus dem das Verbrechen einmal so unbändig über Europa schäumte, wieder zu anderem fähig sein könnte, wenn man nur bereit war, dabei zu helfen. Helfen, ohne nach den

Kosten zu fragen. Aber wenn der nächste geschwätzige Hobbyhistoriker auftaucht, der seine Wahnidee vom ewigen Reich unbedingt mit aller Gewalt in die Welt schreiben will, weil das Existenzrecht anderer weniger zählen soll als sein Werk, kommt aus Deutschland nur Zögern und Zaudern, fallen Worte wie Treibsand.

Dabei sah es doch wirklich gut aus. Sicher, am Anfang waren die Deutschen nur schwer zu bewegen gewesen, sich auch zu deutschen Taten zu bekennen. Aber was sich mit Gerichtsprozessen nicht erreichen ließ, schaffte in West und Ost die pädagogische Anleitung der Besatzungsmächte, vielleicht aber auch der bisher erfolgreichste aller Veränderungszauber: Wandel durch Freundlichkeit, das Angebot zur Rückkehr in die Völkergemeinschaft. Das brüderliche Streben, aus Ruinen aufzuerstehen, und die schwesterliche Ausdauer, dafür die Trümmer wegzuräumen, zogen ihre Stärke nicht zuletzt aus der Geschwisterrivalität. Der Wunsch, das jeweils bessere Deutschland zu sein, verhinderte jedenfalls nicht, sich der eigenen Vergangenheit zu stellen und die Dokumente, die auf beiden Seiten der Sieger für die Deutschen aufbewahrt wurden, endlich doch zu studieren, und sei es auch nur, weil sich damit die Verwandten jenseits der Mauer in Verlegenheit bringen ließen. Mochten die Lehrer auch oft von gestern und altlastenschwer sein, so wuchs doch eine wachere Jugend nach, die immer mehr Dokumente sehen wollte. Sie reformierte schließlich die Gemeinschaften von innen oder ließ doch die Alten nicht mehr unwidersprochen von deutschen Helden singen. Als schließlich der Eiserne Vorhang durchrostete, stellten sich die Sieger von 1945 dem Wunsch des geläuterten Volks von 1989 nicht entgegen, dass die Trennung ein Ende haben sollte – wenn denn das neue Deutschland seine Vergangenheit nicht vergisst. Und seit die Deutschen wiedervereinigt sind, lassen sie uns weiterhin hoffen, dass Menschen alles offenlegen, aufarbeiten und so auch überwinden können, wenn sie es nur wollen – oder: dass die Deutschen nicht nur reich und wirtschaftsmächtig, sondern tatsächlich erwachsen geworden sind und endlich auch die Führungsrolle in der Welt übernehmen werden, zu der man als erfolgreiches Land verpflichtet ist. Die Geschichte ist ja auch einfach zu rührend, um sie nicht glauben zu wollen.

Dass die allzu schönen Erzählungen nie ohne fantastische Elemente auskommen, wusste natürlich jeder. Auch beim unbedingten Willen zur Zuversicht: Ohne Irritationen blieb der Blick auf Deutschland nie. So konnte keinem Beobachter entgehen, dass der Erfolg auch dieser mächtigen Volkswirtschaft auf Kosten anderer erreicht und verteidigt wurde. Beschwerden über das Benehmen und eine bisweilen penetrante Selbstherrlichkeit wurden lauter, die Enthüllungen peinlicher. Aber das viele Geld, die Beziehungen und ein eigentümliches Talent, sich überaus wortreich auf bedauerliche Einzelfälle, Missverständnisse, Kommunikationsfehler und zur Not auch den Neid der Kritiker herauszureden, hatten bisher etwas Besänftigendes – oder Hinhaltendes. Wie sollte man auch dem Musterschüler widersprechen, wenn der treuherzig versichert, alles aus seiner

Geschichte gelernt zu haben, sogar noch die deutsche Nachlässigkeit bei der Partnerwahl und den Widerwillen gegen solidarische Verteidigungsausgaben und andere Mindestlöhne? Wäre da nur nicht dieser Hang zu einsamen Entscheidungen mit der ebenso entschiedenen Versicherung, dass die Deutschen selbstverständlich noch nie vorhatten, etwas anderes als Brücken zu errichten, oder ihnen gar Sonderwege in den Sinn kämen; sie sind eben einfach manchmal nur besser. Und störte da nicht die seltsame Tatsache, dass der Weltmeister in Sachen «Vergangenheitsbewältigung» im eigenen Land Antisemitismus und Rassismus nicht loswird, oder die Frage, wieso ausgerechnet der Primus des einsichtsvollen Gedenkens so große Probleme mit der Empathie hat, sobald Opfer von Vorurteilen und unsäglicher Gewalt sich nicht mit dem Bild der Bahngleise nach Auschwitz illustrieren lassen und dennoch gern von ihrem Leid erzählen möchten. Der Ton kann überraschend rau werden in Deutschland, wenn uns jemand allzu gegenwärtig in die Erforschung unserer einzigartigen Zeitgeschichte reinreden will, obwohl er doch gar nicht zur Familie gehört. So wie es guter deutscher Ton ist, reflexartig das Lob für den Umgang mit der eigenen Vergangenheit zurückzuweisen, so sieht sich manch williger Mitkritiker unversehens wieder ausgeladen, wenn sein Beitrag über Anerkennung und Zuspruch hinausgeht. Auffällig ist es ja schon, dass der emsigste Historiker in eigener Sache vom Stolz auf Erreichtes nichts wissen will, in seiner Selbstbetrachtung aber nur schwer die Perspektive anderer zulassen mag. Doch letztlich ist das Erforschen des Gestern nach drei Generationen nur selten von tagesaktueller Dringlichkeit. Für den politisch-praktischen Umgang mit dem größten Land in Mitteleuropa reicht das deutsche Bemühen, die Erinnerung an die nationalsozialistische Vergangenheit wachzuhalten, und die Erfahrung, dass sich Deutschland wie ein normaler Nachbar unter Nachbarn verhält.

Aber auch wenn man es hierzulande lieber nicht so genau wissen möchte, auf jeden Fall aber bestreitet: Das Ansehen der geläuterten

Deutschen hatte schon, lange bevor Wladimir Putin und sein Russland in die Ukraine einfielen, deutlich an Glanz verloren. Dennoch hat vermutlich niemand damit gerechnet, dass ausgerechnet wir so orientierungslos aussehen würden, wenn jemand sich anschickt, der Star der nächsten «Zeitgeschichte» zu werden – auch nicht der (jedenfalls im Januar 2023 immer noch amtierende) Präsident Putin.

Was war falsch gelaufen?

Wozu die ganze Beschäftigung mit der eigenen Vergangenheit, all die Mahn- und Denkmale zur Erinnerung an Krieg, Verbrechen und Vernichtungswillen, den Kampf für Freiheit und Demokratie, die Preise für Zivilcourage, wenn nicht um für die Gegenwart zu stärken und die Zukunft vor derartigen Menschheitsverbrechen zu schützen? Irgendetwas muss doch übersehen worden sein, wenn der Weltenbrandstifter von gestern, der seit Jahrzehnten aus seiner Geschichte lernt, das Feuer nicht sofort erkennt, nur weil es diesmal ein anderer gelegt hat, und dann auch noch völlig konfus im Weg steht, wenn ein ungewöhnlich großer Teil der Welt längst dabei ist, den Brand wenigstens an der Ausbreitung zu hindern.

Die Irritation über Deutschland ist seither so groß, dass sie sich nicht einmal mehr hier überhören lässt, obwohl es generell keine verbreitete Neigung dazu gibt, ausländische Zeitungen, Nachrichten und Diskussionen zur Kenntnis zu nehmen. Nur die Deutschen wirken angesichts dieser allseitigen Verwunderung ganz erstaunlich gelassen, sodass man sich gleich nochmals wundern kann, nämlich darüber, wie leicht sich in diesem Land übergehen lässt, was einem doch nur das Herz zerreißen kann: Was ist trauriger als Menschen, die an ihrem Vertrauen zu uns zu zweifeln beginnen, weil sie sich nicht mehr sicher sein können, wer oder was wir sind? Dass sich Wladimir Putin mit den Deutschen ebenso gründlich verrechnet hat, mag man zwar weniger bedauern, zumal es nun wirklich nicht sein einziger Rechenfehler ist. Aber peinlich sind sie schon, die fragwürdigen Schleichwege und die Berichte über die Schlupflöcher, die unsere Wirtschaftsinteressen trotz stolz vorgetragener Regierungsentscheidungen finden.

Sollten die vielen Jahre der Beschäftigung mit den eigenen Irrwegen wirklich nur ein Kreisen um die eigene Achse geblieben sein? Wer aber hätte dann etwas davon, wenn es nicht einmal dazu reicht, sich genau jetzt wenigstens an die wichtigste Einsicht aus der Geschichte zu erinnern?

Kriegszeiten sind Wahrheitszeiten. Genau das ist der Grund, aus dem sich Menschen vor Kriegen fürchten. Krieg – das ist das willentliche Spiel mit dem, womit man genau darum nicht spielt, weil es das unvermeidlich Eindeutige ist: der Tod.

Die Reaktionen auf diesen Krieg jedoch sind bemerkenswert mehrdeutig und gleichzeitig unangenehm vertraut für jene, die schon mehr als ein paar Tage auf dieses Land schauen. An Wörtern fehlt es offenbar nie, im Gegenteil.

Eigentlich doch kluge Leute verplempern viel Lebenszeit in Talkshows, wo allabendlich mit verteilten Rollen das Empörungsschauspiel über die allgegenwärtige «Doppelmoral» inszeniert werden muss. Natürlich zur Sicherheit gleich noch mal doppelmoralisch, aber dafür so aufklärungsfördernd wie sonst nur die Dauerschleife mit den Filmchen von Hitler in Farbe auf dem Obersalzberg. An bekannten Orten tauchen mit etwas Verspätung die bekannten Stimmen noch einmal aus der Versenkung auf und verschwenden allerlei Bedenklichkeiten und Ratschläge an eine Meute, die auch im Krieg undankbar ist und gute Absichten zuverlässig missversteht, wenn sie in gewundenen Texten daherkommen.

Plötzlich wimmelt es nur so von Experten: die Ortskundigen, die Sprachkundigen, die Psychologen, die echten Generäle im und außer Dienst. Gleich nach ihnen warten schon die freiwilligen Schreibtischfeldherren und Waffenexperten, um dezent zu schweigen von bisher als Historiker verkleideten Geostrategen, die sich gar nicht schnell genug an eine Neuverteilung der Welt machen können. Nur wenn es um die wirklichkeitsnahe Berichterstattung vom Kriegsgeschehen, um Folterkeller und Deportationen geht, sind deutsche Medien im Vergleich zu anderen auffällig zurückhaltend. Der deutsche Zuschauer bekommt vieles weder zu sehen noch zu hören. Überhaupt ist es, als sei sogar noch der Krieg vor allem eine günstige Gelegenheit, endlich wieder die Standpunkte und Thesen von sich zu geben, die in jeder Krise unbedingt noch einmal laut ausgesprochen werden müssen. Raketenfeuerwerk über Kiew oder Odessa – die Diskursmaschine rattert bombenfest.

Leise und unerwartet kam nur das Schweigen derjenigen, denen es immer noch nachhaltig die Sprache verschlägt. Obwohl ein nicht geringer Teil von ihnen das eigene Leben dem Nachdenken über das Wegsehen der Deutschen gewidmet hat, wollen jetzt nur wenige selber genau hinschauen, um zu erkennen, was vor sich geht. Reicht es nicht zu wissen, dass Krieg immer schlimm ist? Nicht dass es sonst besonders leicht wäre, wirklich offen, also miteinander zu denken. Nun aber scheint nicht einmal mehr das gemeinsame Schweigen möglich, weil schon der Gedanke an Nähe gefährlich ist.

Regierungen dürfen nicht verstummen. Offiziell kam aus Deutschland ein typisch tönend deutsches Wort, also einer dieser Worthaufen, an dem Übersetzer verzweifeln, weil sie eindeutig übersetzen müssen, was wesentlich missverständlich ist. Wer Wörter abstandslos aneinanderreiht, macht zwar zuverlässig einigen Eindruck, unterschlägt aber genau das, was Menschen benötigen, um zu verstehen. Wir orientieren uns in Beziehungen. Darum haben nicht nur Menschen, für die Deutsch eine zugelernte Sprache ist, mit diesen Wortschatten mehr Mühe, als sie gern zugeben. Hand aufs Herz! Haben Sie es gleich verstanden? Verstehen Sie es jetzt? *Zeitenwende*. Wer das nicht nur zu sagen, sondern zu denken versucht, braucht jedenfalls mehr guten Willen, als man sich in einem Land erlauben sollte, in dem sich schon einmal jemand als «Philosoph der Kehre» aus der Verantwortung gemogelt hat. Wenn die Zeitenwende ein Neubeginn ist, der aber darin besteht, die Fahrtrichtung zu ändern, um wieder zurückzufahren, die Wendezeit aber bereits 1989 stattfand, sollte man für die Reise vor allem sehr viel Zeit einplanen und vielleicht besser doch nicht zu schnell mit dem Neuen rechnen. Aber es klingt zu gut, um es nicht für bedeutungsschwer zu halten. Es wird erwartungsgemäß zum Wort des Jahres 2022.

Dieses Land bietet tatsächlich ein geradezu exzessiv widersprüchliches Bild: vollmundige Zusagen mit kurzer Halbwertszeit neben großer Geduld bei der Erfüllung kleiner Versprechen; filigranste waffentheoretische Bedenken bei offenbar nur grober Ahnung, dass Waffen in der Praxis wenig nützen, wenn niemand Munition und Ersatzteile dazu bestellt; das feierliche Versprechen, Versäumnisse von Jahrzehnten in Monaten nachzuholen, gefolgt von der verspäteten Erkenntnis, dass Kampfjets vielleicht doch nicht erst in fünf Jahren passende Landebahnen brauchen könnten; forsches Vorpreschen neben bedenklichen Empfehlungen zur Vorsicht. Kurz: Schamfreies Scheitern zwischen Aktionismus und Schockstarre, nur etwas ausgeglichen durch eher glückliche Kollateralhilfen – ein Ende der Blamage ist kaum zu erhoffen.

Wie also könnte man es der Welt verdenken, wenn sie dabei nicht nur an heillose Leichtfertigkeit und Inkompetenz denkt, sondern die deutsche Uneindeutigkeit für Methode hält, also mit Manövertaktik oder gar mit Sabotage rechnet? Gibt es ihn vielleicht doch, den ewigen Deutschen, gibt es eine Art deutsche DNA, irgendetwas, das Regierungswechsel überdauert, aber nicht zu Solidarität und Verlässlichkeit befähigt? Auch wenn diese Erbmasse dann inzwischen seltsamerweise sogar in Zugewanderten wirkt. Oder ist da einfach nicht mehr als das gedankenlose Trampeltier, das selbstgefällig vom Plateau seiner Hochkultur auf die Welt herabsieht, durch die es dann auch nicht stapfen kann, ohne überall zuerst die Menschenrechte anzusprechen – der gefürchtete Moraltester, der garantiert noch den Staub unter der hintersten Bettkante aufspürt, um gleich darauf in bester Laune günstigere Handelsverträge abzuschließen? Bevorzugt bilateral. Ist letztlich auch die «Vergangenheitsbewältigung» nicht mehr als ein Tauschmittel der unermüdlich Geschäftigen, nur Glasperlen, mit denen sich zwar in Deutschland nicht viel kaufen lässt, umso mehr aber in der ganzen Welt? Und der Rest ist der rechthaberische Trotz eines Geschlagenen, künftig nur noch den einfachen und billigen Weg zu nehmen, weil der richtige letztlich gar nicht interessiert?

Offen gestanden: Ich getraue mich nicht, dem jetzt kategorisch zu widersprechen. Wer seit dem letzten Jahrhundert in Deutschland Zeitgeschichtsforschung betreibt, musste so einiges über dieses Land lernen, das man sich vorher nicht vorstellen konnte. Wer außerdem öffentlich darüber spricht, weiß mehr über die Widerstände gegen allzu viel Erinnerung, als man gern laut sagen möchte. «Also ganz so schlimm war es nun auch nicht!» – «Aber die Anderen haben doch auch ...!» Gänzlich unbändig ist der Wunsch, wenigstens nicht auch noch aussprechen zu müssen, was man im Privaten zu hören bekommt. Und dennoch ist dies der Versuch einer anderen Erklärung. Denn um die Deutschen allein geht es längst nicht mehr, ging es doch bereits 1945 schon nicht nur um uns.

Die große Aufmerksamkeit für den deutschen Umgang mit den eigenen Verbrechen war von Anfang an Ausdruck des Glaubens in die Menschheit. Wenn sogar ein Volk, das sich mit allen Kräften an Körper, Geist und Kultur einer Idee der eigenen Überlegenheit verschrieben und dafür Europa in Blut gebadet hat, wieder zu Herz und Vernunft kommen kann, dann besteht Aussicht für alle. Es ist nichts anderes als die Hoffnung, dass bewusste menschliche Erfahrung wenigstens mit der Zeit möglich wird, und sei es auch erst in Generationen. Nicht Geschichtspolitik und der jeweils nützliche Rückgriff auf Vergangenheit, sondern Aufrichtigkeit im Umgang mit den eigenen Fehleinschätzungen als Sehhilfe für heute. Aus seiner eigenen Geschichte zu lernen bedeutet, die Handlungsmöglichkeiten der Heutigen klarer und vor allem schneller zu erkennen. Genau darum ist es nicht etwa die Geschichte von Hitlers Deutschland und den Deutschen, nicht der Museumsbesuch, von dem viel zu erwarten wäre. Es sind die Deutschen selbst, die helfen könnten, wenn sie aufhören würden, sich nur um sich zu drehen. Das ist der Grund dafür, dass sich das Problem nicht weiter aussitzen lässt, warum Herr Putin ausgerechnet Deutschland in eine Orientierungskrise gestürzt hat. Das Benehmen dieses Angriffskriegers erschüttert nicht nur diejenigen in ihren Grundfesten, die aufmerksam hinsehen, weil sie es müssen, sondern im Gegenteil: Putins Russland verstört jene, die so schnell wie möglich wieder wegsehen wollen, weil sie bereits etwas erkannt haben, das sie noch nicht einmal ansehen können, ohne etwas von sich preiszugeben, wovor ihnen graut. Nichts ist existenziell so bedrohlich wie ein Familiengeheimnis. Die russische Armee bombt Städte und Dörfer zu Staub, nimmt den Menschen, die es überleben, das Dach über dem

Kopf – und die Deutschen verlieren den Halt, weil sie nicht wahrhaben wollen, dass ihr Fundament wackelt.

Sind die Erwartungen an Deutschland einfach zu hoch?

Wer hier lebt, kann das Ausmaß der unausgesprochenen Überforderung schon seit Jahren an ihren Folgen ablesen, die gar nicht mehr übersehen werden können. Großprojekte wie Flughäfen, Konzerthäuser und Bahnhöfe, die jeden Kosten- und Zeitplan sprengen; sich im Kreis drehende Diskussionen über dringend notwendige Bildungsreformen und faire Forschungsförderung bei immer mehr Abbrechern und bedrohlichem Fachkräftemangel; ein selbsternannter IT-Weltmeister, der schon innerhalb einer Großstadt wie Hamburg Netzprobleme hat; der erfolgreiche Autohersteller mit einer Sonderabteilung, in der hochbegabte Experten ihr Talent und viel Geld allein für das Vertuschen von Fehlentscheidungen verschwenden; ein pathetischer Ausstieg aus der

Atomenergie bei gleichzeitiger Einspeisung aus Kraftwerken gleich hinter der Grenze; Krankenhäuser, in denen eine Behandlung so sicher ist wie nur die Rente …

Auch ohne eine Pandemie, die natürlich garantiert niemand besser gemeistert hat als wir, obwohl wir die Fallzahlen lieber nicht so gründlich erfasst haben, lag das Problem schon vor aller Augen: Es ist die vehemente Weigerung, deutsche Probleme auch als solche zu benennen, durch die Menschen sich an eigene Ängste ketten und nicht an ihren Leistungen orientieren. Deutschland weiß schlicht nicht, wie man lebt, ohne permanent sich und alle anderen zu beschwindeln. Doch wer sich ständig selber sabotiert, ist auch nur bedingt bündnisfähig. Es ist höchste Zeit zu lernen, sich nicht immer wieder um jeden Preis herauszureden und mit den abwegigsten Erklärungen bis zur Groteske um jede Achtung zu lügen – und das bitte möglichst, bevor Deutschland neben seiner starken Wirtschaftsmacht auch noch eine der größten Armeen der Welt ins Feld führen kann. Wer könnte sich sonst in unserer Nähe sicher fühlen oder gar die Partnerschaft mit einem wagen, der sich und alles um sich zerlegt, weil er sich im Zweifel bei jeder kleinsten Nachfrage missverstanden oder gekränkt gibt, seine Fehler herunterspielt oder gar leugnet und auf die Anderen zeigt? Bisher hat noch jedes System scheinargumentativer Dauerabwehr die menschliche Urteilskraft bis zum Realitätsverlust irregeleitet.

Anders als wir es uns derzeit so erfolgreich einreden, besteht die wesentliche Verantwortung im Krieg nicht darin, endlos darüber zu diskutieren, welche Rolle man darin spielen möchte und wer welche Waffen liefern will. Verantwortliches Handeln in Kriegszeiten beruht vor allem in konkreten Entscheidungen ganz auf dem Versprechen, nicht allein zu handeln, also nur noch genau das zu tun oder zu unterlassen, was man zu tun oder zu unterlassen angekündigt hat. Wer bedroht wird, wer in Gefahr ist und um unsere Hilfe bittet, braucht doch vor allem eines: unsere Eindeutigkeit als festen Bezugspunkt in einer erschütterten Welt, ob es nun ein Ja ist oder ein Nein. Ohne die Wahrhaftigkeit des Anderen gibt es keinen Halt in der Welt, jedenfalls nicht in akuter Todesgefahr.

Wie weit menschliche Willkür letztlich zu gehen bereit ist, kann niemand sicher abschätzen. Wie groß hingegen die Kraft ist, der Willkür zu begegnen, hängt allein von den Menschen und ihrer Bereitschaft ab, sich festzulegen, also selbst dann eindeutig zu sein, wenn man selber den Halt verloren hat, dann nämlich, indem man klar sagt, wie groß die Verunsicherung ist. Nur so entstehen keine falschen Erwartungen, und nur so lässt sich herausfinden, ob es vielleicht auch einmal andere besser wissen.

Also, was ist los mit diesem Volk? Wo kommt sie her, die Überforderung? Die kurze Antwort könnte lauten: Der Schatten der deutschen Geschichte ist dunkler und länger, als wir gehofft hatten, und er vererbt sich nicht allein an leibliche Kinder – ein Grund mehr, wenigstens den Versuch einer Erklärung zu wagen, warum wir das wurden, was wir sind, und damit die versteckten Kosten unseres totalen Kriegs und Völkermords offenzulegen, bevor sich noch andere verrechnen. Eine etwas längere Antwort versucht dieses kleine Buch.

Bei jemandem, der das Lesen in Deutschland geübt hat, wäre es nicht ungewöhnlich, wenn jetzt schon die Einleitung mit mehr Fragezeichen und Markierungen versehen ist, als das Buch Seiten hat. Warum sagt sie nicht ausdrücklich, wer gemeint ist? Warum fallen überhaupt so wenig Namen? Keine Schlagworte zum Querlesen? Worauf spielt sie mit dieser Formulierung an? Welcher Seitenhieb steckt hinter einer anderen? Überhaupt, warum gibt es keine Fußnoten? Fast scheint es, als könne eine Lektüre nur unbeschadet überstanden werden, wenn man weiß, *gegen wen* etwas geschrieben ist. Als könne man dem Denken eines Anderen nicht einfach folgen, so wie man einer Melodie lauscht, die aus dem Nichts auftaucht und wieder ins Nichts verklingen wird, wenn niemand etwas an ihr findet. Deutsches Lesen – das ist jedenfalls die Beobachtung einer Autorin, die auch in anderen Ländern und Kulturen gelesen wird – ist ein erstaunlich ängstliches, folglich nicht selten auch ein aggressives Lesen. Wer weiß schon, warum es an der Tür klopft? Hier verlangt man, unbedingt vorgewarnt zu sein, also auch vorher zu wissen, was auf dem Programm steht, um vielleicht doch noch schnell eine andere Reise buchen zu können. Die einzige Entschuldigung, die ich habe, ist die Versicherung, dass dieses Buch tatsächlich nur *für* Menschen geschrieben ist, für alle Menschen, auch für diejenigen, die einfach nur besser verstehen möchten, warum Pauschaltourismus in meinem Land so beliebt ist.

I. Nicht selten ist das Beste an Archivbesuchen eine Begegnung auf dem zugig kalten Flur, der den Pausenraum ersetzen muss, weil auch so schon nicht genug Platz ist für die Dokumente. Man muss sich gelegentlich erheben und strecken, etwas trinken und vor allem einen Menschen sehen, der offensichtlich noch lebt. Ich habe den großen dicken Aktenordner mit dem üppigen Rosendekor immer noch vor Augen, in dem die junge Frau die Unterlagen für ihr Forschungsthema verwahrte, auch zu einem dieser unsäglichen Orte, deren Namen irgendwann einmal ganz unbeschwert ausgesprochen worden sein müssen. Es hilft, jemanden zu treffen, der weiß, wovon die Rede ist. Warum mein Thema denn Adolf Eichmann sei, wollte sie schließlich wissen, denn er war natürlich auch an dem Ort gewesen, über den nachzudenken es Schadstoffcontainer braucht, einen Abstandhalter, weil auch die tapfersten Historiker irgendwann ausruhen müssen und sich dann wenigstens einbilden können, dass das da auf dem Wohnzimmertisch einfach nur Blumen sind. «Sind Sie mit ihm verwandt?»

Wer lernen möchte, neu oder doch noch einmal anders zu denken, fängt am besten nicht damit an, sich zu fragen, ob etwas persönlich gemeint ist, wenn man es auch interessant finden kann. Der ideale Zustand ist die freundliche Neugier, also die größtmögliche Wachheit, nicht die Angst vor einem möglichen Angriff. Genau hier aber liegt das Problem, sobald es sich um Zeitgeschichtsforschung in Deutschland handelt. Denn natürlich war die junge Kollegin nicht nur neugierig, sondern hatte vor allem vollkommen recht. Wer sich auf den Blick in die Abgründe der Vergangenheit einlässt, weiß genau, dass das ganz wesentlich eine Frage der Beziehungen ist. Entscheidend ist, was uns zu diesem Thema bringt, weil genau davon abhängt, wie weit wir uns wirklich auf das Spiel von Abstand und Nähe einlassen wollen. Oder können. Wenn die Abschirmung zu stark, der Abstand zu groß, der Fokus zu weit ist, kann man noch so viele Archive besuchen, wir werden doch nicht mehr finden als weitere Namen, Daten und Zahlen, weil von vornherein ganze Bereiche einer vergangenen Wirklichkeit außerhalb des Blickfelds bleiben, ohne dass man etwas vermissen würde. Es scheint alles erledigt, wenigstens ganz gut verstanden. Wir sind uns sicher, eine plausible Vorstellung der Ereignisse erarbeitet zu haben – bis jemand eine Frage stellt, die man aufs Neue persönlich nimmt: Warum reagieren die Deutschen auf einen russischen Präsidenten, der die Ukraine überfällt, so eigentümlich? Wie kommt es zu dem Schlingerkurs? Was bringt sie immer wieder vom eigenen Kurs ab?

Weil sie nie wieder Krieg wollten, sagt der nachsichtige Beobachter aus der Ferne. Wer sich in einen Krieg gestürzt und dann gleich noch einen zweiten angezettelt, zwei große Kriege angefangen, auf jeden Fall aber beide verloren hat, erinnert sich vielleicht lieber nicht daran, dass andere dafür kämpfen, sterben und töten mussten, dass Deutschland heute eine freiheitlich-demokratische Rechtsordnung hat. So naheliegend das ist, es erklärt doch nur den generellen Widerwillen gegen jedwedes Gemetzel, den die allermeisten Menschen teilen. Wer die Ursachen dafür sucht, wann und unter welchen Umständen die Denkungsart entstand, die sich jetzt so offensichtlich als Hemmnis des Handelns erweist, kann dabei nicht stehenbleiben. Wenn Sie mir tief genug in die unmittelbare deutsche Nachkriegszeit folgen mögen, dann lässt sich dort etwas ausleuchten.

Von Sebastian Haffner, der 1978 das zurecht gerühmte Buch *Anmerkungen zu Hitler* geschrieben hat, stammt der schlichte Einwand, dass sich der Blick in diese Zeit nur wenig lohnt. «Die Geschichte der Deutschen von 1945 bis 1949, also vom Kriegsende bis zur Gründung der Bundesrepublik und der DDR, ist eigentlich nicht *deutsche* Geschichte, sie handelt nicht davon, was die Deutschen machten, sondern was man mit ihnen gemacht hat.»

Es ist nicht wenig darüber geschrieben worden, wie die Menschen nach dem Krieg lebten, wie sie Hunger litten, froren, an ihrem Überleben verzweifelten. Aber was hätte man über die entmachteten Deutschen, das geschlagene Volk, viel mehr sagen sollen, als dass die Herrenmenschen nun die Ruinen eines tausendjährigen Reichs bewohnten, oft hungerten, keine Wohnung hatten, millionenfach mit den tragbaren Resten ihres Lebens durch die Reste ihres Landes fliehen mussten, sehr kalte Winter oft nicht überlebten und auch sonst so viele Ursachen für Traumata sammelten, dass sie ihr eigenes Elend mehr beschäftigte als die Verbrechen, die in ihrem Namen verübt worden waren? Einen Krieg verloren zu haben und von den Siegermächten überwacht und verwaltet zu werden – das ist eindeutig kein erstrebenswerter Zustand und auch eindeutig sehr viel uninteressanter, als es Hitlers Deutschland in den zwölf Jahren davor war.

Dass die Geschichte den Machern gehört, weil nur sie Berichtenswertes bewegen – oder etwas aufrichtiger: weil sie Dokumente und Spuren mit einer Zuverlässigkeit hinterlassen, die man als Historiker sehr nützlich findet –, gehörte lange zu den Selbstverständlichkeiten allen Nachdenkens über die Vergangenheit und sorgt noch heute für eine armselige Vorstellung von dem, was Geschichtsschreibung zu verhandeln hat. Der gewöhnliche Mensch hat wenigstens exemplarisch gewöhnlich zu sein, damit auch von ihm oder gar ihr die Rede ist. Aber es gibt noch etwas viel Eigentümlicheres. Sie erkennen es sofort, wenn Sie sich jetzt die Frage stellen, die Sie vorhin noch mir stellen wollten: Wer ist gemeint mit «die Deutschen»?

1945 jedenfalls war die Bevölkerung der vier Besatzungszonen nur auf den ersten Blick homogen, sosehr Hitler und seine Bande sich auch bemüht hatten, alles «aus dem Volkskörper zu entfernen», was ihnen auf irgendeine Weise anders vorkam oder andere Vorstellungen von Staat und Gesellschaft äußerte. Der heute wieder einmal besonders gefürchtete «Riss durch die Gesellschaft» ist nichts im Vergleich zu dem

Splittermeer nach der vollständigen Kapitulation. Niemals wieder glichen die Menschen so sehr dieser Ansammlung von Monaden mit fest geschlossenen Fenstern. Dieser Ausnahmezustand brachte ein Denken ganz eigener Prägung hervor, das bis heute erkennbar ist, auch wenn man nicht mehr weiß, wie man selber zu diesem Denken kam.

Wie und mit welchem Recht man so etwas behaupten kann? Man schaut noch einmal auf das, was die Geschichtswissenschaft über diese Zeit weiß, verzichtet, so gut es geht, auf alle schnellen Urteile und stellt vor allem die ethischen Fragen zurück. Man versucht stattdessen, die historischen Daten über die Bedingungen des Lebens in dieser Zeit so nah an sich herankommen zu lassen, dass ein lebendiges Bild entsteht. Und dann hört man sich selber beim Denken zu. Was esoterisch anmuten könnte, ist tatsächlich eine Arbeitsweise der Philosophie: Wer Denkweisen erkennen will, muss sie im Denken realisieren und dann vergleichen, wie sich das Selbst- und Weltverständnis durch den

Wechsel der Denkungsarten unterscheidet – oder kann einem Philosophen zuhören, der gelernt hat, inwiefern sich das Denken unter bestimmten Bedingungen notwendig vom Denken unter anderen Umständen unterscheidet. Dann geht es nicht um die Frage, *was*, sondern *wie* die Menschen denken. Dass man davon weniger hört, liegt daran, dass es bei den Philosophen meist auch nicht anders zugeht als bei den Historikern: Das Denken der Macher, der bekannten Gestalten einer Zeit, scheint auch ihnen wichtiger oder doch attraktiver. Aber das bedeutet natürlich nicht, dass die Arbeitsmethoden der Philosophie sich nicht als ebenso nützlich erweisen, wenn man sie auf das alltäglichere Denken anwendet. Doch weil das hier keine theoretische Einführung in den Nutzen der Inversion pragmatistischer Erkenntnistheorie zur Analyse von Denkungsarten werden soll, nähern wir uns einfach ganz praktisch «den Deutschen» der Nachkriegszeit.

Mit dem Tod Adolf Hitlers zerfiel nicht nur die sagenhafte «Volksgemeinschaft», so wie

Marionetten durcheinanderfallen, wenn man dem Puppenspieler die Fäden durchschneidet. Es durften auch all diejenigen wieder sichtbar werden, die nicht zu Hitlers Deutschland gehörten, also nur mit einigem Glück sein «Reich» überlebt hatten. Für Sozialdemokraten, Kommunisten, für Menschen irgendeiner unerwünschten Abstammung wie Juden, Sinti und Roma, für Homosexuelle, eingeschleppte Zwangsarbeiter, Anhänger nicht christlicher oder zu christlicher Glaubensgemeinschaften, für Kriegsgefangene und jeden, der Hitlers Deutschen sonst nicht gefallen hatte, war der 8. Mai 1945 tatsächlich ein Tag der Befreiung und nicht selten die Wiederbegegnung mit denen, die sie diskriminiert oder denunziert hatten oder nicht für sie eingestanden waren. Gemeinsames Leid und Elend verbinden auf besondere Weise, die Befreiung jedoch nötigt zu neuen, anderen Bindungen. Wer sich also die Befreiten als homogene Gruppe vorstellt, sollte noch etwas näher herangehen. Aber auch diejenigen, die kurz zuvor noch begeistert «Ein Volk, ein Reich, ein Führer!» geschrien hatten, waren ohne den Führer und in den Resten des Reichs nicht selten noch innerhalb der Familie auf je eigene Weise unglücklich.

Sie erinnern sich? Wer lernen will, muss die Abschirmung senken. Rund 65 Millionen Menschen zählten die Alliierten im Jahr 1946, knapp 700 000 davon steckten in Lagern fest, um sich herum und zwischen ihnen eine Völkerwanderung, auf der Suche nach Verwandten, nach einer Wohnung, nach Arbeit. Stellen Sie sich vor, wie es ist, sich in diesem besetzten Land zu bewegen. Als Geschlagener, als Befreiter, mit und ohne die Reste einer Uniform, mit oder ohne Kinder. Was wäre Ihnen lieber, die bekannten Gesichter oder fremde? In manche Dörfer und Kleinstädte kamen doppelt so viele Flüchtlinge, wie es dort vorher Einwohner gegeben hatte. Königsberger Fleck riecht so streng wie Brathering oder Knoblauch für den, der es nicht kennt. Küchen sind wie Dialekte. Man gewöhnt sich erst nach einiger Zeit daran, aber etwas fremd bleibt es dennoch. Je später jemand in sein Dorf zurückkam – wenn er denn das Glück hatte, dass er dorthin zurückkonnte –, desto mehr hatte es sich geändert. Es kamen andere zurück, als gegangen waren, und sie fanden das Vertraute oft nicht einmal in den Gesichtern alter Freunde. «Augen wie ausgeräumte Schaufenster», notierte ein Schriftsteller, der immerhin recht schnell die Feder wiederfand, mit der er auch für *Das Reich* geschrieben hatte. – Und dies ist vielleicht doch der Moment, wenigstens kurz zu versichern, dass ich selbstverständlich nichts, was in diesem Buch als Beispiel den Denkweg illustrieren soll, erfunden habe. Das Neudenken kostet Kraft genug, und es denkt sich konzentrierter mit leichtem Gepäck. Bildung haben Sie auch ohne mich.

Zu wenig Wohnraum in der Winterkälte, kein Heizmaterial, nicht genug zu essen, nicht nur auf dem Schwarzmarkt alle Konkurrenten – wer jetzt eine sehr deutsche Theorie anführen möchte, weil er es für möglich hält, dass doch der Sieger als gemeinsamer Feind die Bevölkerung zu einer Einheit werden ließ, schaue sich die Geschichte irgendeiner Stadt zur Zeit der Besatzung an. Die Nähe zu den neuen Herren schuf schneller neue Abstände und Hierarchien, als sich jede Gemeinschaft gegen sie hätte bilden können. Der eine bekam das Vertrauen der Obrigkeit, der andere wurde verhaftet, besonders attraktiv wurde, wer zufällig die Sprache der Besatzungsmacht beherrschte. Ohne lokale Hilfskräfte wäre kein Ort zu verwalten gewesen, aber die alte Funktionselite (auch ein sehr deutsches Wort!) schien selten geeignet, in der sowjetrussischen Zone wurden über 50 000 aus diesen Gruppen sofort entlassen. Doch in allen Zonen waren die Maßnahmen drastisch. So wurde hier ein Grieche als provisorischer Bürgermeister bestellt, dort angeordnet, eine Ortschaft bis fast auf das letzte Haus für mehrere tausend befreite Zwangsarbeiter und KZ-Überlebende freizugeben. Die ganze Gegend kauft begeistert den Hausrat der ausgesiedelten Einwohner, der sofort auf dem Schwarzmarkt landet, ohne dass sich die ehemaligen Besitzer dagegen wehren können. Racheakte in alle Richtungen blieben nicht aus – für die ersten Nachkriegsjahre denkt man sich die Schicksalsgemeinschaft besser nur im Plural. Wie hätte ausgerechnet der Kollektivschuldvorwurf unter diesen Umständen ein Kollektiv formen können? Und doch konnte es gar nicht anders kommen, wenn der Vorwurf auch von einer ganz anderen Stelle kam.

«Diese Schandtaten: Eure Schuld!» – So wie die US-Amerikaner und Briten hatten auch Frankreich und Sowjetrussland die Entnazifizierung zu ihrer wichtigsten Aufgabe gemacht. Die ganze Bevölkerung sollte mit den systematischen Verbrechen konfrontiert werden. Die millionenfachen Massenerschießungen waren zwar kaum dokumentiert, aber auf deutschem Boden standen noch Konzentrationslager, und die Rote Armee hatte in Auschwitz gefilmt. Hitlers Volk sollte wissen, was es mit zu verantworten hatte.

Viele haben sich seither bemüht, genauer herauszufinden, wie viel die Deutschen wirklich von den Verbrechen gewusst hatten und wann sie spätestens hätten wissen müssen, was «im Osten» mit den Juden geschah. In erster Linie war das eine juristische, aber dann auch eine moralische Frage. Man suchte die Täter, die Schuldigen. Die Journalisten waren ebenso wie die Zeithistoriker immer auch Ankläger oder Verteidiger. Nicht wenige waren selber vom Fach. Auch Sebastian Haffner war promovierter Jurist. Vor allem lebte man schließlich mit den Beteiligten, man sprach nicht nur über sie, sondern noch lange zu ihnen. Aber erst wenn man die Fragen der Ethik außen vor lässt, oder sie vorübergehend aussetzt, rückt eine «eigentliche deutsche Geschichte» nach 1945 ins Blickfeld: die Geschichte des Deutschen, der denken muss. Mochte es vor Kriegsende noch Menschen gegeben haben, die mit gutem Gewissen hätten schwören können, nichts von den Verbrechen gewusst zu haben – nach den verordneten KZ-Besuchen, groß plakatierten Fotos, den Aufklärungs-Sonderzeitungen und schließlich den Filmvorführungen konnte es niemand mehr.

Auf den Aufnahmen britischer Soldaten kann man sich heute einfach online anschauen, wie Menschen sich bei der Besichtigung von Bergen-Belsen verhielten – und auch, wie die Überlebenden noch in Häftlingskleidung buchstäblich denen unter die Arme greifen, die es schon beim Anblick nicht mehr auf den Beinen hält. Viele versuchten, möglichst nicht hinzuschauen. Aber tatsächlich hätte man sich blenden oder irgendwo verkriechen können und doch gewusst, dass etwas Ungeheuerliches geschehen war.

Wenn von Verleugnung oder Verdrängung die Rede ist, übersieht man leicht, dass der Mensch mehr wie eine Schreibmaschine mit Farbband und Papier funktioniert als wie ein Computer. Für unser Hirn gibt es keine Löschtasten, nur TippEx, und das will sorgfältig korrigiert werden, damit man es möglichst nicht sieht. Aber man sieht es dann sogar doppelt: beim vorsichtigen Übermalen und als erhabenen Farbstrich auf dem Papier. Oder man weiß ansonsten doch sehr genau, warum man den Bogen verbrennen will. Wir wehren etwas nicht ab, *bevor* es uns zu nah kommt, sondern *weil* es uns zu nah kommt, also längst auf uns wirkt. Auch die flüchtigste Wahrnehmung, ein mitgehörter Halbsatz lässt sich nicht ungeschehen machen. Mehr noch: Jeder Versuch herumzuradieren macht das Wissen nur umso wirkungsvoller. Zwar ist es kein Trost für all den Unsinn, den Menschen in die Luft blasen können, wenn sie anderen weismachen wollen, dass es den nationalsozialistischen Massenmord nicht gab oder dass er doch nicht ganz so schlimm war und alle anderen es doch auch usw. Aber vermutlich ist niemand so unfähig, sich von dem Gedanken daran zu lösen, wie der, der es unbedingt will.

Die Nachhaltigkeit der Aufklärung durch die Alliierten hing interessanterweise gar nicht davon ab, ob man sie akzeptierte oder nicht. Der menschliche Geist ist ein Werkzeug, das die Drehzahl umso mehr erhöht, je unerhörter das ist, womit wir konfrontiert sind. Genau darum war es auch etwas ganz anderes, ob ein Mensch im Nachkriegsdeutschland vom Ausmaß des Verbrechens erfuhr oder jemand in New York oder Tokio. Es macht für unser Denken einen wesentlichen Unterschied, wo wir waren und sind, denn Denken – Sie erinnern sich? – ist immer eine Orientierung in Beziehungen. Wer etwas unwahrscheinlich findet, befragt sich nicht weniger als derjenige, der sofort weiß, wovon die Rede ist. Wir scannen unsere Daten über die Zeit, in der etwas geschehen sein soll, und suchen nach allem, was uns irgendwie helfen könnte. Für Fragen der Ethik ist ganz entscheidend, wie viel jemand wirklich weiß, weil es darum geht, Verantwortlichkeiten zu bestimmen. Der Drang, Informationen einzuordnen, ist etwas ganz anderes. Der Denkapparat ist ständig in Bewegung, Erinnerungsengramme abzugleichen, vermutlich aus Gründen der Energieeffizienz, denn auch der Betrieb dieses Datenspeichers verursacht hohe Kosten und noch höhere, wenn etwas noch nicht zufriedenstellend eingeordnet wird. Anders gesagt: Der Mensch fühlt sich besser, wenn das, womit er konfrontiert ist, einen Sinn ergibt.

Diese Denkprozesse hatten Nebenwirkungen, die weit tiefer reichen als die erste Begegnung mit einem schwarzen Schwan, wenn man bisher nur weiße kennt. Die gesamten Erfahrungen und Erlebnisse aus den am eigenen Leib erlebten Jahren erschienen in einem anderen, einem grellen Licht, denn in Hitlers Deutschland gab es kein alltägliches Leben. Oder andersherum: Der Alltag war bis ins Kleinste nationalsozialistisch. Genau das ist auch der Grund, warum heute der Vergleich mit Putins Russland für Deutsche eine größere Herausforderung darstellt als für die Menschen in anderen Ländern, und dieser Unterschied ist es, der für uns so wenig schmeichelhaft (und für unser Gehirn so unangenehm) ist. Die Deutschen sind historisch sehr viel tiefer in Krieg und Verbrechen verstrickt, als es die Russen des Jahres 2022 sind, auch wenn sich das jetzt zu ändern scheint. Jedenfalls, wenn die Menschen dort sich nicht doch noch gegen die zunehmende Indoktrination wehren.

Nach dem Ende der Sowjetunion war in der russischen Bevölkerung das Bedürfnis ausgeprägt, möglichst nichts mehr mit Politik zu tun haben zu müssen. Sie wählte sich Politiker, die genau das versprachen, die also Macht und Geld wollten und sich als Gegenleistung um Stabilität, Sicherheit und Ansehen kümmerten, aber dabei so wenig gestört werden wollten, wie sie sich in das Leben ihrer Wähler mischten. Die russische Gesellschaft war bei Kriegsbeginn ebenso planmäßig entpolitisiert, wie die Menschen in Hitlers Deutschland überpolitisiert waren. Wäre die «militärische Spezialoperation» tatsächlich nach drei Tagen beendet gewesen, hätten die meisten Russen aufrichtig behaupten können, nichts von einem Krieg gewusst zu haben. Das war im totalen Nazi-Staat vollkommen anders, denn es gab nichts mehr, das unpolitisch gewesen wäre.

Hitlergruß, Flaggen, Aufmärsche, Jugendvollbetreuung, Körpervermessung, Rassengesetze, Sport und Wald – überall wollte der Staat dabei sein. Welche Bücher in der Bibliothek standen und welche Noten auf dem Klavier lagen, ja sogar welche Instrumente man besaß, ging plötzlich alle etwas an. Ein Bandoneon? Undeutsch!

Akkordeon? Volldeutsch! Von der Partnerwahl bis zur Frisur und Barttracht, alles konnte über das Leben entscheiden. Als Kind fand ich es unglaublich lustig, mir genau vorzustellen, wie es war, als meine Großmutter ihrem kaisertreuen Mann nachts im Bett heimlich den Kaiser-Wilhelm-Gedächtnisbart abschnitt, weil sie Firma und Familie vor den Schlägern von der SA schützen wollte. Er soll beim Aufwachen vor Enttäuschung geweint haben. (Genützt hat ihm die Tarnung nur kurze Zeit.)

Zwölf Jahre unter Hitler, für die einen ständige Vorsicht, immer neue Schikanen, die Isolation. Für den, der mittendrin sein durfte, ein einziger Rausch mit Dauersoundtrack. Gehen im Takt, Jugendkult, Massenrausch, «den Führer» bei der Parade durch die Kleinstadt gesehen, gelockerte Sitten, ein Fest der arischen Körper, *Mein Kampf* als Geschenk zur Hochzeit, Freunde, die in den Krieg ziehen, nur zur Beerdigung lieber nicht Mendelssohn-Bartholdy.

Während sich die wenigen, die glücklich den Mordaktionen dann doch entrannen, spätestens im Ghetto gefragt hatten, welche Warnsignale ihnen entgangen waren und warum man die Gelegenheiten zur Flucht nicht genutzt hatte, und die kritischen Reichsbürger schon an sich verzweifelt waren, als die ersten Gefährten verhaftet wurden, sah das Erwachen der begeisterten Jugend bei Kriegsende so aus wie der Festsaal oder das Schlachtfeld am Morgen danach. Hatte man sich wirklich nichts dabei gedacht, als die Nachbarn mit nur einem Koffer auszogen? War einem nicht der schöne silberne Löffel, den man geschenkt bekam, verdächtig bekannt vorgekommen? «Natürlich haben wir gesehen, dass die Frau des Stadtrats plötzlich die schöne Perlenkette der Arztfrau trug. Und ihren Pelz.» Aber gefragt, wo der Arzt geblieben war, das hatte man nicht. Überhaupt ... Menschen mit Koffern. Je mehr uns etwas beunruhigt, desto dringender ist unser Bedürfnis, passende Fakten zu sammeln. Ist die Verunsicherung erst einmal im Hirn, verliert sie schnell das Maß. Angst verändert die Erinnerung an jeden noch so harmlosen Schornstein im Ostfeldzug. Es ist schwer vorstellbar, dass irgendjemand 1945 tatsächlich gar nichts gesehen oder erlebt hatte, das sich im Lichte des Wissens vom Sommer 1945 nicht wie Mitwissen anfühlte.

Ganz gleich, wer die Menschen waren, die im Sommer 1945 in den Trümmern von Hitlers Deutschland zusammenleben mussten, ganz unabhängig davon, ob sie vorher zur Volksgemeinschaft gehören durften, wer oder was sie zuvor erlebt oder erlitten, getan oder unterlassen hatten, was auch immer ihre Rolle im Vernichtungskrieg gewesen war und wie unterschiedlich sie von einem juristischen oder moralischen Standpunkt aus auch zu beurteilen waren: Nachdem die Besatzungsmächte der Bevölkerung das Ausmaß der Verbrechen vor Augen geführt hatten, kam es nicht mehr darauf an, wer wie viel wusste. Alles, einfach alles, was man wusste, war zu viel.

Es gibt Gedanken, die so dicht sind, dass ihr Gewicht notwendig den Denkraum verformt.

Jeder Versuch, sich denkend in der Welt zu orientieren, wird zum Betrieb einer Maschine mit Unwucht. Zwar ist die Mitte, um die sich ein Mensch dreht, immer wieder in ihrer Stabilität gefordert. Das ist das besondere Wesen einer bewussten Existenz in Zeit und Raum, nämlich ein offenes System zu bilden, das für viele Erfahrungen offen ist und sich so nicht nur durch die Welt tastet, sondern sie sich auch aneignen kann. Aber es ist ein großer Unterschied, ob gelegentlich etwas von außen das Gleichgewicht stört oder ob die Konstruktion bei jeder Belastung in Vibration gerät, den Kraftverbrauch erhöht und nur rechtzeitiges Abbremsen verhindert, dass die kritische Drehzahl überschritten wird. Im ersten Fall sprechen wir einfach von neuen Erfahrungen, im zweiten von der Toleranz gegenüber dem Neuen überhaupt, die nur durch das ständige Auswuchten mit Gegengewichten zu erreichen ist und ein entsprechend fragiles Orientierungswerkzeug bleibt, ganz gleich, wie robust es aus der Distanz betrachtet erscheinen mag. Das Weiterleben mit dem Wissen über den eigenen Abgrund machte das deutsche Denken notwendig zu einem ängstlichen Denken.

Die Schule, die ich in Schleswig-Holstein besucht habe, entschied Anfang der 1980er-Jahre, einen Unterrichtsfilm über die nationalsozialistische «Judenpolitik» nicht noch einmal zu verwenden. Nach der ersten Vorführung hatten sich die Eltern eines Schülers über diese unerhörten neuen Lehrmethoden beschwert. Ihr Sohn hatte im Unterricht geweint.

II. Manchmal reagiert unser Körper so extrem alarmiert, dass wir etwas Zeit brauchen, um zu begreifen, worum es überhaupt geht. An einem Morgen im Jahr 1990 saß ich buchstäblich schweißgebadet und aufrecht im Bett und rang nach Luft, als wäre ich aus einem Albtraum erwacht. Aber ich konnte mich beim besten Willen nicht erinnern, was ich geträumt hatte. Am nächsten und übernächsten Morgen wiederholte es sich mit der Zuverlässigkeit eines Uhrwerks. Ich wäre vermutlich zum Arzt gegangen, wenn ich am dritten Tag nicht entschieden hätte, mich einfach wieder hinzulegen und vielleicht mal auszuschlafen oder doch noch ein wenig dem Nachrichtenprogramm im Radio zuzuhören. Nach einer weiteren Viertelstunde wusste ich, dass mein Albtraum ein einziges Wort war: Haff. Irgendwann im Laufe des Jahres war Deutschland größer geworden, jedenfalls schloss der Wetterbericht vom Norddeutschen Rundfunk jetzt auch den Osten ein und berichtete von der jeweiligen Wetterfront über dem Stettiner Haff. Ich gebe zu, dass ich erst vor Kurzem nachgeschaut habe, was ein Haff überhaupt ist, weil ich schon als Kind genau wusste, dass es das pure Grauen war. Immer dann, wenn meine Großfamilie am Wochenende zusammenkam, weil mal wieder irgendwer Geburtstag hatte – also oft –, landeten sie irgendwann bei der Geschichte von der Flucht aus Ostpreußen. Kinder, die unter dem Tisch spielen, werden oft vergessen, weil Erwachsene sicher sind, dass sie noch nichts verstehen, und man darum auch nicht auf die Worte achtet. Aber natürlich haben Kinder einen feinen Sinn für die Ängste der Erwachsenen. Und die Angst meiner Tanten hörte auf den Namen Haff. Mit immer den gleichen Worten und Betonungen musste erzählt werden, dass der einzig noch mögliche Fluchtweg Richtung Westen Anfang 1945 das zugefrorene Küstengewässer des Frischen Haffs östlich von Danzig war. Männer und Frauen erfroren, Kinder erfroren, ganze

Flüchtlingstrecks brachen unter sowjetischem Beschuss ein, und wer es geschafft hatte, wurde die schrecklichen Bilder der Ertrinkenden unter der Eisdecke nicht los. Ich auch nicht.

Bilder in den Köpfen sind noch mächtig, wenn man sie gar nicht selber gesehen hat. Es scheint beinahe, als bräuchte man Menschen nur Bilder von schlimmen Verbrechen zu zeigen, und schon wären sie zum Guten bekehrt – eine schöne Vorstellung, auf die man bei so manchem Schulbuch oder Ausstellungskonzept gebaut zu haben scheint. Hässliche Bilder, geläuterte Seelen. Aber so einfach ist leider nicht zu erklären, warum die Aufklärungsaktion der Siegermächte der Schritt zur Vergesellschaftung der Unterschiedlichen wurde.

Selbstverständlich war das gar nicht der Zweck gewesen. Niemand hat besser als die Insolvenzverwalter gewusst, dass die ihnen anvertrauten Menschen keineswegs eine einheitliche Gruppe bildeten. Flüchtlingsmassen, Kriegsgefangene, Menschen, die nicht dort waren, wo sie jeweils hinwollten – allein die Logistik, so viel Nahrung heranzuschaffen, damit wenigstens die große Mehrheit von ihnen überlebt, war eine Meisterleistung.

Also, wie genau ist es möglich, dass sehr unterschiedliche Menschen mit ganz unterschiedlichen Lebensgeschichten sich einander ausgerechnet durch die Konfrontation mit einem Ereignis angleichen, über das sie doch ganz unterschiedlich denken? Anders als bei einer Umweltkatastrophe, einem Vulkanausbruch oder Tsunami, gibt es schließlich bei einem Verbrechen gute Gründe, die Gegensätze durch die Bekanntgabe von Beweisen eher noch zu verschärfen. Man versteht es besser, wenn man beginnt, die Materie getrennt von der Form zu denken.

Die Bevölkerung wurde sich nicht ähnlich, weil jeder Einzelne von ihnen an das Gleiche dachte, sondern weil alle gleich denken lernen mussten.

Es war nicht nur das Wissen, dass man selber schon vorher etwas gewusst hatte, sondern die schlichte Tatsache, dass auf einmal alle wussten, dass es alle wussten: jeder für sich, jeder von jedem und die Welt von den Menschen im ehemaligen Deutschen Reich. Aber bevor wir gleich über die ganze Welt nachdenken, gehen wir vielleicht doch zuerst noch einmal ganz nah heran.

Es mag sich nicht bemerkenswert anhören, besonders wenn man in einer Großstadt lebt, aber für viele Menschen bedeutet es schon eine Herausforderung, einem Fremden zu begegnen, wenn man bis dahin noch nicht viele gesehen hat. Adolf Hitler nutzte für seinen politischen Aufstieg bekanntlich diese Angst sehr erfolgreich, indem er oft sogar noch die eigenen Nachbarn als Fremde markierte. Aber unter der Besatzung lebten plötzlich alle in einer Welt der Anderen. Man fürchtete den Unbekannten ebenso wie die Vertrauten. Wie spricht man miteinander, wenn es alle wissen? Der Fremde, der neu in den Ort kam, konnte doch alles sein!

Einer, der nach Menschen oder Raubgut fahndete, ein Obersturmbannführer auf der Suche nach einem Versteck, ein Rächer oder einfach nur jemand, der Fragen stellt. Wie soll man ihn auch nur fragen, wer er ist?

Wie schaut man einander an, wie geht man miteinander um, wenn nichts beängstigender ist als Fragen? Jeder, der über mich nachdenkt, kommt mir zu nah, wenn ich schon selber nicht mehr weiß, ob mir gefällt, was ich bin.

Fragt man den Freund, was er über seinen Besuch von Buchenwald denkt? Er könnte sich wundern, dass man überhaupt fragt, oder von der schönen Goethe-Eiche dort schwärmen. Welche Antwort möchte man hören, welche könnte man nicht ertragen? Vom Nachbarn, vom Bruder? Fragt man den Ehemann, der an Leib und Seele versehrt endlich aus der Kriegsgefangenschaft kommt? Kann man danach noch neben ihm einschlafen? Oder er neben seiner Frau, der Ärztin für schwerkranke Kinder? Glück haben nur die, die miteinander im stillen Einverständnis die Köpfe senken. Aber wie lang ist man sich sicher, ob es Einverständnis ist, wenn man selber taumelt? Wie geht man um mit der Befürchtung, dass ein Wort jederzeit alles gefährden kann, was man liebt? Zu den Wörtern meiner Kindheit gehört auch das Wort «Schlussstrich», verbunden mit der Erfahrung, dass man es nicht immer und überall verwenden darf.

Alles wird komplizierter, sogar der erste Besuch bei den künftigen Schwiegereltern. Wie fragt man einander irgendwas, das sich nicht nach einem Verhör anfühlt? «Was macht denn Ihr Vater beruflich?» – «Mein Vater wurde totgeschlagen, weil er sich mit den Nazis angelegt hat. Und was haben Sie vor Ihrer Rente gemacht?» – Was soll er dann sagen, der Mann, für den die Kriegsgefangenen im Lager niedliche Tierfiguren schnitzten, damit der Herr Verwalter den Kindern etwas zu Weihnachten mitzubringen hat? Etwa, dass seine Frau aber jüdische Vorfahren hatte? Und doch möchte man immer noch die Tochter.

Und dann die Orte. Wer will, endlich in einer Flüchtlingsunterkunft angekommen, wirklich wissen, was der neue Spielkamerad der Kinder von seinem älteren Bruder erzählt, den er unter den anderen Einheimischen am Strand erkannt hatte, die 200 Männer zu Tode prügelten, kurz bevor die netten fremden Soldaten mit der Schokolade kamen, die davon aber nichts erfahren durften? Die Zeugenaussagen sind noch heute unter Verschluss. Persönlichkeitsrecht der noch Lebenden. Wenn Sie sich jetzt fragen, ob Sie wirklich wissen wollen, wo das war, oder weiter unbelastet in den Urlaub an den schönen Strand fahren möchten, dann wird es Zeit, die Abschirmung wieder hochzufahren.

Wenn alle ängstlich denken, Fragen und Antworten fürchten, aber dennoch nicht ewiges Schweigen herrschen soll, dann kann man lernen, für jedes Gespräch die richtigen Fragen und Antworten parat zu haben. Wer es versucht, merkt schnell, wie anstrengend es ist, so komplex vorauszudenken und dann auch noch die präparierten Worte und Sätze zu verwenden, ohne dass man die Konzentrationsleistung merkt, weil das Gegenüber plötzlich langsam und überakzentuiert spricht. Es ist viel einfacher, von vornherein nur über Themenfelder zu reden, die in allen möglichen Welten außer Diskussion stehen: Es war eine furchtbare Zeit, Kriege sind immer schlimm, überall auf der Welt gibt es zu viel Gewalt, wir haben Fürchterliches erlebt, was machen die Kinder, wachsen die Kartoffeln ...?

Aber es gibt nicht nur harmlose Themen. Es gibt auch eine vollkommen unverfängliche Art zu denken.

Die harmloseste aller geistigen Beschäftigungen, zu der Menschen fähig sind, ist die Mathematik. Auch das hat die Nationalsozialisten nicht abgehalten, emphatisch eine «deutsche Mathematik» zu fordern, aber an der unpolitischen Natur der einfachen Rechenarten konnten nicht einmal sie etwas ändern. Die Welt der Zahlen, der Präzision, Pünktlichkeit und Bilanzen, der Größe der Ein(!)familienhäuser, die Drehzahl der Motoren, die Wirtschaft, das Geld – hier kann man sich sicher fühlen, hier darf der Deutsche sein. Der Erfolg ist wichtiger als die Frage, wer mit wem handelt. Das Lob für den Wiederaufbau und die Produktionsleistung lässt sich ohne Selbstzweifel annehmen. Die Wirtschaft verwandelt die Welt in ein Fußballfeld. Jeder darf gewinnen wollen, auch weiterspielen, wenn er mal verloren hat, am Ende stoßen alle mit allen an und treffen sich irgendwann vielleicht auch in der Freizeit. Vielleicht heiraten die Kinder – wenn nichts dazwischenkommt. Auf jeden Fall kann der Brautvater den künftigen Schwiegersohn in bester väterlicher Sorge einfach um einen Gehaltsnachweis bitten und ihm danach den neuen Wagen zeigen.

Vergesellschaftung durch gemeinsame Themenkontrolle und Begeisterung für das simple Denken in Zahl und Maß – was sich philosophisch so belanglos anhört, ist tatsächlich die Kultur einer besonderen Art des gemeinsamen Denkens, die dem Menschen alles andere als natürlich ist: das subjektlose Denken im Sprechen.

Es klingt wie die Quadratur des Kreises, denn das Ich ist der Bezugspunkt aller Gedanken. Darum sprechen wir ja hier auch von meinen Gedanken im Unterschied zu Ihren. Ganz genau das macht Lesen überhaupt erst interessant und die Begegnung zu einer möglichen Erweiterung. Immanuel Kant, ohne dessen Gedanken ich heute auch anders denken würde und dessen Gedanken ich dennoch nicht einfach zu meinen gemacht habe, riet jedem, der denkt, zu einer bewussten Haltung in der Begegnung mit anderen. Der Mensch soll selber denken, sich in die Stelle jedes anderen denken (weil man sich beim Hineinfühlen zu oft vertut) und jederzeit mit sich selbst einstimmig denken. Versuchen Sie das mal subjektlos ... aber Menschen, die tatsächlich das Risiko einer weiteren Destabilisierung ihres unausgewuchteten Selbstverhältnisses durch jedes gewechselte Wort vermeiden wollen, haben diese Möglichkeit, nämlich durch ein ständig doppelt berechnetes Denken.

Wer sein eigenes Denken wenigstens ebenso fürchtet wie das eines anderen, verdoppelt sein Denkvermögen und schafft so den abgesicherten Modus, in dem zumindest die Vorführung eines Denkens möglich wird. Wenn das im Bewusstsein geschieht, dass die Menschen, mit denen man spricht, es ganz genauso machen, realisiert sich eine Gemeinschaft der Ängstlichen, in der sich das um seine Stabilität fürchtende Ich zu einer Art unpersönlicher Gesangsgemeinschaft potenziert, die einstudierte Lieder wiederholt, wenn man sie auch am Anfang nur bedingt variieren kann.

Es ist die effiziente Methode, ein Gespräch zuverlässig zu inszenieren, das planmäßig nirgendwo hinführen soll, weil das Ziel schon erreicht ist, wenn keiner aus dem Takt kommt oder aus dem Raum rennt. Hat man das erst einmal gemeinsam kultiviert, lässt es sich schließlich ganz unabhängig von Inhalten praktizieren, also sogar auf genau den Themenfeldern, die den Einzelnen überfordern, im synchronisierten Denken aber zuverlässig die Grenze sichern, die zu viel Nähe zum Gegenstand gar nicht mehr zulässt. Es braucht keine Tabus, wenn man von vornherein nur abgesichert miteinander spricht. Man braucht auch keinen Kettenhandschuh, wenn man nur ein Buttermesser benutzt. Wie in einem Gesangsverein kann mit der Zeit über die Angleichung der Denkungsart auch ein Vertrauen gelernt werden, das Dissonanzen aushält und sogar reizvoll macht. Nur bedeutet das kein Vertrauen in die tatsächlichen Möglichkeiten des gemeinsamen Denkens oder gar in Lösungsfindungsprozesse, sondern bleibt ganz unabhängig vom Thema und dem Niveau der Argumente eine Weise des gemeinsamen Sprechens. Es ist wie bei den Kindern, die mit Puppen in Erwachsenengestalt spielen und sie Gespräche über ihr Berufsleben oder die Kindererziehung führen lassen, die die Kleinen nie miteinander führen würden. Man kann damit eine gute Zeit haben, und es wäre falsch, gleich von einer Kultur der Verlogenheit zu sprechen. Aber es ist nur die Firnispflege einer Misstrauensgesellschaft. Hier besteht das Wesentliche nämlich gar nicht in der Suche nach Wahrheit, sondern im Erleben der Gemeinschaft trotz der Wahrheit. Es ist eine übervorsichtige Gemeinde, zu der dann auch die Kinder gehören, die alles nachahmen und nicht lernen, dass es ganz andere Möglichkeiten der Begegnung gibt. Sie lernen nicht, wie man neugierig aufeinander sein kann und sogar miteinander streiten. Sie erwerben auch nicht die Sprache, in der man freier miteinander sprechen kann, ohne sich sogleich zu hassen. So befriedend die Kultur der Unverfänglichkeit sich auch anfühlt, ein harmloses Erbe ist sie nicht.

Wäre es nur Doppelmoral, also ein Oberflächenphänomen, dann könnte man es traurig nennen. Aber die Zuneigung dazu, das Denken so reduziert zu verwenden, wird zum ernsthaften Problem, wenn sie sich auch noch auf das Gespräch mit denen auswirkt, die nie in der Ausnahmesituation waren, in der es unvermeidlich wurde, sich die Fertigkeit anzueignen, gemeinsames Wissen konsequent zu verschweigen. Menschen, die nicht daran gewöhnt sind, die Einigkeit ständig zu simulieren, rechnen auch nicht mit dem ängstlichen Denken. Jemand, der noch dann in den abgesicherten

Modus umschaltet, wenn das Gegenüber ein echtes Gespräch sucht, wird jederzeit den Eindruck machen, alles verstanden und jede Anregung bereitwillig aufgenommen zu haben. Aber das bedeutet gerade nicht, dass es tatsächlich so ist, oder dass es für den gepanzerten Part in der Runde selbstverständlich wäre, sich seinen eigenen Aussagen länger als für den Moment verpflichtet zu fühlen. Sie können auch schlicht der Preis dafür gewesen sein, eine Situation zu überstehen. Das simulierte Gespräch dient so nicht dem Inhalt, sondern erlaubt eine Begegnung, obwohl man nichts besprechen mag. Man sagt irgendetwas, das vermutlich erwartet wird, um im nächsten Moment einfach nur erleichtert zu sein, dass man wieder gehen kann, ohne sich in einem Streit um den sicheren Gang zu bringen. Für eine Talkshow oder lange Sonntagnachmittage mit dem Schwiegervater ist das eine zwar anstrengende, aber doch dem allgemeinen Wohlbefinden dienende Denkübung, wie jeder weiß, der schon einmal hingebungsvoll über Rosenzucht oder Münzsammlungen sprechen musste, ohne sich im Geringsten dafür zu interessieren, und die Kopfschmerztablette für diese Hirnakrobatik nicht vergessen hat.

Dass den anderen zunächst gar nicht auffällt, wenn jemand nichts sagt, sondern nur viel redet, liegt vor allem daran, dass es in der einseitigen Simulation nicht so konsequent möglich ist, das Subjekt herauszuhalten, wenn darüber kein stillschweigendes Einverständnis herrscht. Wer nicht ängstlich denkt, spielt auch nicht mit, sondern will etwas von dem Gespräch haben. Ganz ohne Originalität geht das nicht, sofern man nicht als Hochstapler enden will. Aber der Glaube an die Sachlichkeit hilft. Ob echter oder nur aufgeführter Kongress, Argumente bleiben Argumente, und Informationen lassen sich hier wie dort mit in die eigene Arbeit zurücknehmen. Wer das erste Mal zugegen ist, merkt auch nicht, dass alle seit Jahren die gleichen Dialoge durchspielen. Aber wer als auswärtiger Gast in der Erwartung anreiste, dass sein Beitrag zum Thema einen Einfluss darauf haben würde, wie die nächste Diskussion verläuft, oder dass nach zehn Jahren nun nicht noch einmal die gleichen Sammelbände zu den gleichen Themen mit dem gleichen Forschungsstillstand erscheinen würden, konnte in der deutschen Zeitgeschichtsforschung sehr unglücklich werden. Ist es ein Trost, dass man hier auch andere Fachgebiete nennen könnte?

Die möglichst subjektvermeidende Gesprächsführung wird erst dann gefährlich, wenn es nicht nur um Gemeinschaftspflege oder um ein Gruppenbild zur Demonstration eines Zusammenhalts gegenüber anderen, sondern um die harte Realität geht. Schon in friedlichen Zeiten sind Ausschussdebatten über Finanzierungsfragen, Klimaschutz und Energiegewinnung kein Spiel, das man endlos wiederholen kann, weil dann irgendwann gar kein Zug mehr fährt, mit dem noch jemand dazu anreisen könnte. Wenn Menschen wirklich gemeinsam nach Entscheidungen suchen müssen, weil konkrete Probleme in der Welt nur gemeinsam zu lösen sind oder weil sie verabredet haben, keine Sonderwege zu gehen, hilft es niemandem, wenn sich ausgerechnet derjenige durchsetzt, der das Gespräch simuliert, also auch die bessere Kondition hat und sich mit endlosen Reihen klingender Worte wesentlich heraushält.

Wer die Teilnahme am gemeinsamen Denken simuliert, behindert verantwortungslos alle, die sich auf das Miteinander verlassen. Es ist schlicht nicht mündig, sich seines Verstandes ohne die Leitung eines anderen zu bedienen, wenn man es so versteht, dass der eigene Verstand gleich auch noch ohne den Verständigen auskommt. Dennoch ist es keine Unaufrichtigkeit.

Natürlich wirkt es wie Taktik und Betrug für den, der ein Gespräch sucht, weil er dringend Hilfe braucht und dann noch einmal von vorn alle Möglichkeiten erwägen soll. In dieser Situation geht es um Entscheidungen, also genau die Eindeutigkeit, zu der jeder gelangen muss, wenn sein Handeln ein Handeln aus Gründen sein soll. Handeln setzt immer ein Ende des Nachdenkens über andere Möglichkeiten voraus. Je schneller ein Beschluss gefunden werden muss, desto ungehaltener wird man über den, der in der Mehrdeutigkeit bleibt. Denn es muss sich jeder zu Entscheidungen unter Zeitdruck durchringen, wobei allen bewusst ist, dass unter diesen Umständen nie alles durchdacht sein kann – wenn es denn überhaupt möglich ist, ein Handeln in der Welt ganz zu durchdenken, bevor man es ausprobiert hat. Wenn die Zeit drängt, ist Zögerlichkeit nicht nur lästig, sondern gefährlich. In der Wirkung kommt es doch aufs Gleiche heraus, ob man zu lang zögert oder sofort Nein sagt. Der Unterschied ist nur, dass alle im einen Fall untätig mitwarten müssen, während die Realität das nicht tun wird, im anderen Fall aber das Nein als Realität behandeln und entsprechend handeln können. Nur im Denken lässt sich Kausalität dehnen und zusammenziehen – vorausgesetzt, dass die Denker am Leben bleiben.

Eine Handlungsentscheidung ist jener Zusammenhang zwischen Denken und Tun, der in letzter Konsequenz immer ein Ja oder Nein ist. Auch wenn einen das Grau-in-grau-Denken besser schlafen und die Welt und die Mitmenschen weniger bedrohlich aussehen lässt, ist jemand, der aus Prinzip dem Schwarz-Weiß misstraut, in Notlagen keine Hilfe, weil er seine Verantwortung als bewusster Teil der Realität leugnet und so zum potenziell gefährlichen Hindernis wird, auch wenn er das Richtige tun möchte.

Es ist unzweifelhaft richtig, wieder und wieder darauf hinzuweisen, dass genau dieses Dilemma gar nicht entstehen würde, wenn die Menschen endlich begriffen, dass es immer eine dumme Idee ist, überhaupt einen Krieg anzufangen, weil das ein Zustand ist, der die Menschen grundsätzlich überfordert, auch wenn sie weit weg vom Schauplatz leben. Sobald aber Krieg da ist, sollten die Deutschen am besten erklären können, warum das zu große Vertrauen in eine Denkweise gefährlich ist, die aus der Unmöglichkeit heraus kultiviert wurde, sich aus der Vereinzelung herauszuwinden, in die sie geraten sind, weil es etwas gibt, von dem alle wissen, dass sie es wissen, aber nicht verarbeiten können.

Ich mag das Wort Haff immer noch nicht, aber es ist ein bisschen besser geworden, nachdem ich viele Jahre später doch gefragt und so erfahren habe, dass meine Familie erst 1946 und auf festem Grund in den Westen geflohen ist. Es sei wenigstens im Rückblick nicht ganz so schlimm gewesen, man habe doch auch viel Glück gehabt. Aber für lange Zeit war das gemeinsame Singen des geliehenen Liedes von der Flucht über das Haff mit seinem brechenden Eis ihre Möglichkeit, sich keine Fragen zu stellen und doch miteinander zu sprechen. Kein Anlass also für meine Albträume. Eigentlich.

III. Am 18. Oktober 1989 kam jemand mit der Nachricht in den großen Lesesaal der Universitätsbibliothek Greifswald, dass Erich Honecker zurückgetreten worden sei. Mein erster Gedanke in der allgemeinen Unruhe galt dem geliehenen Studentenausweis in meiner Tasche. Ohne Ausweis kam man nicht auf das Gelände. Zwei Stunden zuvor war ich in meiner ersten und letzten Vorlesung in der DDR gewesen – der Lehrende war zuvor gefragt worden und hatte nichts dagegen gehabt. Danach hatten wir uns in ein Studentenzimmer gedrängt und von unseren seltsamen Ländern erzählt: von Lebensmittelpreisen und Mietkosten, von Büchern und Schallplatten, von all dem, was wir aneinander unverständlich fanden, und schwärmten gemeinsam von Isabel Allendes *Geisterhaus*. Ich denke, wir fanden diese subversive Aktion alle unglaublich mutig. Dort in der Bibliothek jedoch war ich es nicht. Offensichtlich kann man mittendrin sitzen und doch nicht dabei sein, während sich vor den eigenen Augen die Welt verändert, wenn die größte Sorge darin besteht, ob man da auch sicher raus- und wieder in das bessere Deutschland zurückkommt.

Wie hätte sich die Bevölkerung weiterentwickelt, wenn sich die Siegermächte nicht einander entfremdet hätten? Fragen wie diese sind nicht darum interessant, weil sie zu haltlosen Spekulationen einladen. Sie helfen uns, nicht zu vergessen, dass menschliche Geschichte grundsätzlich nicht vorhersagbar ist. Ganz gleich, wie genau wir Menschen beobachten, Statistiken über ihr Verhalten anlegen und Bewegungsprofile erstellen, wie sehr wir ihnen ablauschen, was sie sprechen – jeden Moment kann das Unwahrscheinliche passieren. Darum lässt sich selbstverständlich auch aus einer Analyse der Denkungsarten nicht vorausberechnen, was ein Mensch wohl als Nächstes tun wird. Was sich aber erkennen lässt, das sind die Schwächen, die Abwehrreflexe und die blinden Flecken einer Denkgewohnheit. Was zu einer bestimmten Zeit unter bestimmten Umständen hilft, kann unter anderen Bedingungen Probleme verursachen.

Zu den besonderen Bedingungen der Nachkriegszeit gehörte ein weiterer Maßstab, den jeder zu berücksichtigen hatte: der Blick von Außenstehenden, die aber nicht einfach Beobachter waren. Das ängstliche Denken fürchtet die eigenen Widersprüche, die Angst der anderen Ängstlichen und die möglichen Folgen des Sprechens in einer Welt, die wesentlich durch eine Instanz geprägt ist, die Kontrolle und Einfluss ausüben will und kann. Alle drei Perspektiven sind im Denken vorauszunehmen. Aus jeder muss man gut aussehen. Es sind viele Spiegel aufgestellt in der Nachkriegszeit. Die Menschen stehen von drei Seiten unter strenger Beobachtung. Man lernt unvermeidlich, unentschieden, vorsichtig und vorzeigbar zu denken.

Die Siegermächte waren sich im Sommer 1945 noch einig, dass sie es mit Menschen zu tun haben, die sich ändern und sich dazu verhalten müssen, was sie von außen betrachtet sind: zumindest mitschuldig an Krieg und Verbrechen. Eine Aussicht auf Besserung bietet die Aufklärung über das, was von allen verantwortet werden muss, die noch atmen. Das Bewusstsein und die Scham, so steht es in einem Aufruf der Kommunistischen Partei vom 11. Juni 1945, müsse in jedem deutschen Menschen brennen. Weil aber jeder, der aus der Menge ragte und auffiel, auch tatsächlich genau angeschaut und überprüft werden konnte, etabliert sich ein doppeltes Misstrauen: von innen und von außen.

Auch hochrangige Nationalsozialisten müssen öffentlich mitaufklären. Der Nürnberger Prozess lädt die Täter und Opfer zu Zeugenaussagen. Sie wiederholen, um welche Verbrechen es sich handelte. Die Zeitungen berichten ausführlich. Die Frage, ob diese Aussagen freiwillig sind oder erzwungen wurden, gehört zu den ersten praktischen Abwehrmechanismen: dem

Misstrauen nach außen und vor allem in jede Regierungsmacht. Noch sitzt die Sowjetunion zusammen mit den USA, Frankreich und England auf der Richterbank. Die Einigkeit hält immerhin lange genug an, um keine Zweifel aufkommen zu lassen, dass die Welt Gerichtstag hält über die Deutschen, deren Vergangenheit unsäglich, deren Zukunft folglich noch ganz unklar ist.

Es reicht, zu ahnen, was man überlebt hat, um nicht zu lang in den Spiegel schauen zu wollen. In Hitlers Deutschland musste man sich besorgt fragen, ob man denn «wirklich» deutscher Abstammung sei, also zumindest ausreichend deutsch. Jetzt wollten viele nicht mehr zu «diesen Deutschen» gehören, allenfalls anders deutsch sein. Wer heute von den Deutschen wissen will, wer ein Deutscher ist und wer nicht, sollte für die nächste Zeit nichts vorhaben. Jemand, der Angst vor der nächsten Frage hat, muss den neugierigen Beobachter nur ausführlich über die Terminologie belehren, damit die verabredete Gesprächszeit schon vor einer Antwort abgelaufen ist. Immer mehr Wörter, immer genauere Unterscheidungen, Abstufungen, Eingrenzungen, Wortklauberei – dass es am Ende immer auf die Einzelfallanalyse (auch so ein deutsches Wort!) hinausläuft, ist der effektive Weg, sich mithilfe des präzisen Denkens vor Vergleichen zu schützen. Am besten redet man überhaupt nicht mehr in Begriffen, sondern nur noch in Namen. Denn letztlich geht es nur um eines: Ich wars nicht! Mit mir hat das alles nichts zu tun! – Die Methode funktioniert bekanntlich bis heute. Sie funktioniert auch beim Lesen eines Buches, bei dem einem der Gedankengang unvermittelt zu nah kommt und man, genau weil man den Text unangenehm genau versteht, erst mal teilzeitfiligran an einem Begriff herumkrittelt und spätestens den nächsten Namen im Text nutzt, um sich seitwärts in die Büsche zu schlagen.

Schon 1946 beginnen sich die Pflegeeltern zu entzweien. Die Unterschiede im weiteren Leben der beiden Scheidungskinder wurden so oft betont und beschrieben, dass einem gar nicht mehr in den Sinn kommt, auf etwas zu schauen, was die beiden verbindet: die verheerenden Folgen der Nachkriegsordnung für das deutsche Denken.

Beide Elternteile sind ehrgeizig und putzen ihr Kind heraus. Es soll aufrecht gehen, bevor es überhaupt laufen kann, und unbedingt besser aussehen als das jeweils andere, denn der Wettbewerb der Weltanschauungen ist gnadenlos. Beide Seiten wollen am Beispiel vorführen, dass ihr System erfolgreicher ist, wenn es darum geht, den Menschen moralisch zu bessern. Beide wollen das Exempel für ihren Glauben an den menschlichen Fortschritt. Der Westen bessert die (inzwischen alte) Bundesrepublik, Sowjetrussland führt seine Methoden an der DDR vor. Die Prügelstrafe ist noch nicht abgeschafft. Alle anderen europäischen Staaten sollen künftig helfen, auf den Ausbund aufzupassen. Nicht wenige von ihnen hatten unter Hitlers Deutschland gelitten. Die Deutschen, so praktizieren es beide Hüter, müssen in ihre Gemeinschaft der Völker eingebettet werden, um nicht mehr gefährlich zu sein – als wär's ein Erziehungsheim beziehungsweise zwei davon. Natürlich können Sie den Kinder-Vergleich albern finden, aber er hilft doch der Vorstellungskraft.

Als der Westen und der Osten nicht nur die Fläche, sondern auch die Bevölkerung untereinander aufteilten, steckte die Vergesellschaftung der Einzelnen noch in den Anfängen. Sie fand inmitten von Trümmern und Nöten statt. Wer sich Geld und Einfluss bewahren konnte, hatte es zwar wie überall auf der Welt einfacher, musste aber Fragen umso mehr fürchten. Man hatte nur weiterkommen können, weil alle darauf achteten, wenigstens einander nicht zu konfrontieren. Der Rückschlag eines moralischen Urteils über den Anderen war unkalkulierbar. Doch dann wurde mit der Teilung dieser Gesellschaft in zwei deutsche Länder ausgerechnet das maximale Urteil zum Kriterium des gewünschten Denkens.

Aus dem gemeinsamen Entsetzen aller Siegermächte wurden zwei verschiedene Betreuer, aber auch zwei Beobachter. Und beide ermunterten «ihre Deutschen», das Gleiche zu tun: die Fehler der Anderen zu suchen und zu benennen, weil man an ihrem Scheitern wächst, als wäre man schon gut, weil man erkennt, was böse ist. Die Vereinigten Staaten hoben genauso wie Sowjetrussland die Leinenpflicht für den moralischen Kettenhund auf, solange er nur auf die Anderen losging. Geschönte Bilanzen eigener Erfolge hingegen nahmen beide in Kauf.

Die Spiegelbildlichkeit ließ sich bis zur Karikatur vereinfachen: Die DDR wird als antifaschistischer Staat ausgerufen, in dem sich die Menschen schon allein deshalb für die besseren halten dürfen. Wer im nationalsozialistischen Reich Unrecht erlitten hatte, wurde nur dann als Opfer anerkannt, wenn er sich wesentlich als Antifaschist verstehen konnte und in dem Chor mitsang, der die Schwächen der USA und ihrer Verbündeten anprangerte. Außerdem ist der andere deutsche Staat doch gar nicht frei, sondern ein Werkzeug der USA. Die Bundesrepublik soll der antikommunistische Staat sein, in dem sich die Menschen schon allein darum für die besseren halten dürfen. Wer im nationalsozialistischen Reich Unrecht erlitten hat, wird als Opfer eines totalen Staates anerkannt, so wie auch die DDR ein menschenverachtendes System ist. Außerdem ist der andere deutsche Staat doch gar nicht frei, sondern ein Werkzeug der Sowjetunion. – Das moralische Urteil wird zur unverzichtbaren Waffe im Weltanschauungsvergleich, der auch *Die moralische Eiszeit* hätte heißen können. Weil das moralische Urteil der Feindkonstruktion dient, lässt es sich für die Bewohner des jeweils gemeinten deutschen Staats umso einfacher abwehren. Alles, was das andere Deutschland sagt, ist nur Feindpropaganda.

Die Auseinandersetzung mit der eigenen Vergangenheit, die sich im Geschwisterwettbewerb entwickelt, findet nicht im offenen Gespräch, sondern im abgesicherten Modus des subjektfreien Sprechens statt. Mit anderen Worten: Die deutsche Vergangenheitsbewältigung in beiden deutschen Staaten ist zweckhaft und spannt die Geschichtsforschung, sobald sie nicht mehr zurückzuhalten ist, für ihre Belange ein. Der Umgang mit den Opfern, eine öffentliche Anerkennung und die Versuche einer Wiedergutmachung – alles ist funktional, denn es nützt immer auch der eigenen Imagepflege und liefert den Nachweis, dass das eigene das moralisch überlegene System ist.

Ob der Umgang mit der Vergangenheit auf diese Weise lehrreich ist? Zumindest ist das Bemühen um Gerechtigkeit so oder so Gerechtigkeit, so wie Hilfe Hilfe ist, egal, ob man einem Menschen in Not hilft, weil man eben hilfsbereit ist oder weil sich das Foto davon gut im Online-Profil macht. Für den Moment ist immer nur relevant, *dass* man hilft. Die Frage ist nur, was geschehen wird, wenn beim nächsten Mal keine Kamera dabei ist.

Das Argumentationsniveau ist dennoch gelegentlich auf beiden Seiten hoch, die Quellensammlungen sind beeindruckend, die Handwerksarbeit ist vorbildlich, auch wenn es

Arbeiten sind, die durch einen politischen Auftrag zustande kamen. Außerdem kam der Impuls nicht selten von Forschern, die aus eigenem Bedürfnis nach der historischen Wahrheit streben und damit immer außerhalb der Gesellschaft stehen. Vieles ist bis heute ein Gewinn. Aber ob die solide Arbeit wirklich zu ihrer Zeit eine Wirkung auf Menschen hatte oder nur zum Vorführen vor Auslandsgästen diente? In beiden deutschen Ländern bleiben jedenfalls die großen Verschwörungen hoch im Kurs, wenn es um Geschichtserzählungen geht. Und die fantasievollen Erfolgsbilanzen.

Wer jetzt aber gern noch mal sagen können möchte, dass die DDR keine Demokratie, dass der Kommunismus immer schlecht war, dass eine Vergleichbarkeit beider deutschen Länder gar nicht gegeben ist, die Bundesrepublik sozial kalt und ganz dem schnöden Mammon verfallen war usw., darf das selbstverständlich gern tun. Nur wären wir dann bei Fragen von Ethik und Moral, die zwar selbstverständlich nötig sind, aber – siehe oben! – sofort den Blick auf das verstellen, um was es hier allein geht. Es geht darum, die Bedingungen zu verstehen, unter denen sich Denkungsarten entwickeln. Für die Frage, wer schuld daran ist und wem wir zum Vorwurf machen könnten, dass wir heute so denken, wie wir denken, braucht es kein Buch. Nur den kurzen Weg ins Bad vor den Spiegel.

Also, was machte die Teilung Deutschlands aus dem ängstlichen deutschen Denken der Vor-Teilungszeit? Kurz gesagt: Es wurde zur Waffe. Und die Deutschen hantieren immer noch damit. Wenn wir das verstehen wollen, braucht es nun aber doch ein paar längere Sätze.

Vielleicht schadet es nicht, es noch einmal zu sagen (und wenn Ihnen jetzt bereits der erste Satz sofort einleuchtet, sparen Sie sich gern die Lebenszeit, überblättern die nächsten Seiten oder schauen noch mal in Tr. Dial. 2.B. 1.H.): Philosophie ist nicht die Lehre des Abstrahierens, mit deren Hilfe man ganz einfache Dinge endlich möglichst kompliziert beschreiben kann. Philosophie ist einfache Werkzeugkunde.

Philosophen fahren ja nicht darum nach Sils Maria, weil ihr natürlicher Lebensraum ein abgelegener Ort mit kalter dünner Luft und erhabenem Ausblick wäre, sondern weil die Arbeit im Maschinenraum auf die Lunge geht.

Der menschliche Orientierungsapparat ist der flexibelste, den wir kennen, weil er nicht wie bei den meisten Lebewesen voreingestellt ist, sondern im Baukasten geliefert wird. Er funktioniert auch, wenn die Teile nicht ganz richtig eingebaut sind. Dass etwas hakt, erkennt man dann an den Schlingerbewegungen des Dampfers. Irgendwann in unserer sehr viel weiter zurückliegenden Geschichte ging dem Menschen das Licht auf, dass es nicht nur die Welt außer uns gibt. Seither lernen wir, das Werkzeug anders zu verwenden, das einmal dafür da war, nicht zu verdursten, zu verhungern oder den Weg zurück zu finden. Zum Erkunden der sogenannten Innenwelt braucht es offenbar unsere sechs Sinne nicht, weil wir davon nichts hören, sehen, schmecken, riechen und ertasten, sondern nur fühlen können. Darum kann unser

Gleichgewichtssinn anschlagen, wenn wir auf eine Weise denken, die sich nicht angenehm anfühlt, sodass wir also lieber auf eine andere Weise weiterdenken, um das Gefühl zu vermeiden.

Das Ich ist (erkenntnistheoretisch gesprochen) der Ort, der alle bewussten Vorstellungen und Gedanken begleitet. Sie wissen, dass *Sie* es sind, der oder die sich etwas vorstellt, auch wenn Sie nicht so recht wissen, was Sie dann sind, wenn Sie ein Ich sind. Aber dieser Schaltknoten ist doch etwas, an das Sie gern denken wollen, weil man mit jeder Vorstellung, jedem Denken unvermeidlich wieder bei ihm vorbeikommt. Spätestens als die Menschen im Land der Reichstrümmer mit dem Ausmaß der nationalsozialistischen Verbrechen konfrontiert wurden, die in den Jahren geplant und begangen wurden, an die jeder Erinnerungen hatte, war auch jedes einzelne Ich kein Ort mehr, in dem man Urlaub machen wollte. Es half nur nichts. Wer weiterleben wollte, musste die Fähigkeit entwickeln, damit umzugehen, also möglichst immer nur kurz vorbeischauen, und verhindern, dass uns auch sonst niemand zu genau anschaut. Man legt heute in Deutschland besonders viel Wert auf den Schutz der eigenen Daten.

Jeder, der einmal viel und angestrengt gearbeitet hat, weiß, dass der Moment kommt, an dem man sich dabei kaum noch bemerkt. Routinen entlasten. Yoga hilft. Das Rezitieren von Texten ebenso wie alles Monotone. Und weil ich nicht mit Adolf Eichmann verwandt bin, kann man erzählen, dass er jedes Mal das christliche Glaubensbekenntnis in Wiederholungsschleife herunterratterte, wenn sein Ich mit zum nächsten Massenmord musste. Drogen helfen, Alkohol, Essen, Sport. Der menschliche Verstand sortiert den Eingang von Sinnesdaten so besinnungslos wie eine Rechenmaschine, wenn das Ordnungssystem gut angelegt ist. In Deutschland hat man ein Talent für Bürokratie.

Probleme bereitet alles, was neu, anders, fremd ist. Es ist interessant, solange man in aller Ruhe überlegen kann, womit das, was man da sieht, wohl zu vergleichen wäre. Neugier setzt aber voraus, dass der Mensch diese Ruhe hat. Und nicht ganz schnell wieder aufstehen will. Vergleichen wird zum Albtraum für den, der nicht noch mal alles anschauen möchte, aber sich fürs Vergleichen alles noch mal in Ruhe anschauen muss, um zu sehen, was passt und was nicht. Genau genommen ist schon die Suche nach passenden Wörtern ein Vergleichen, wenn man nicht einfach neue erfindet oder sie sich irgendwo borgt. In Deutschland ist die Vertreibung und der Massenmord an den Juden aus mehreren Gründen einzigartig, man übernahm bereitwillig die Namen aus der Fremde und spricht von Holocaust und Shoah. Der Nutzen der Wörter lässt sich auf zwei Weisen vermeiden: Man wird filigran oder pauschal. Über das Wort Genozid wird immer wieder mit großer Heftigkeit gestritten, weil es nicht differenziert genug ist. Übrigens gab es im Jahr 2022 in Deutschland nur eine einzige Professur für Militärgeschichte, denn alle Soldaten sind Mörder.

Mit jemandem zu sprechen birgt immer die Gefahr, dass die Routine hier nicht reicht. Was ist wirklich selbstverständlich in einem Land, in dem man das Selbstverständliche immer vorweg sagen muss? Darum lässt man sich gern nieder, wo man singt. Möglichst immer dieselben Lieder und so laut, dass sich keiner mehr denken hören kann.

Besonders gefährlich ist aber die Urteilskraft. Sie ist das Werkzeug, etwas Einzelnes und Allgemeines, also Konkretes und Abstraktes, in ein Verhältnis zu setzen. Ohne diesen Teil unseres Denkvermögens könnte der Mensch nie Regeln anwenden, würde sich also auch nicht fragen können, ob eine Tat zu einer moralischen Regel passt oder nicht. Sie erkennen das Problem für jeden, der nicht gern über sich nachdenken möchte? Wenn es um wissenschaftliche Erkenntnis geht, ist die Anwendung der Urteilskraft kein Problem. Aber sobald es um die moralische Qualität einer Entscheidung geht, kann ich nicht vermeiden, über die Qualität meines Handelns überhaupt nachzudenken. Das moralische Urteil wirft mich auf mein eigenes Maß zurück. Aber das tut es nicht notwendig. Genau diesen Ausweg förderte die Situation des geteilten Deutschlands.

Wer über andere Menschen moralisch urteilt, kann den Rückgriff auf den eigenen Maßstab vermeiden. Man kann stattdessen die Handlungen eines anderen auch an dem abstrakt Richtigen messen, also an einem Ideal wie absoluten Werten. Ausschließlich an Idealen gemessen, scheitern alle Menschen. Unter dem absolut Richtigen ist alles Menschliche falsch, weil es keine Anerkennung für das weniger Falsche gibt. Die Ermunterung, nur das Handeln von anderen Menschen moralisch zu beurteilen, ist also die Ermächtigung zum Verurteilen und zur Selbstüberhöhung. Der Trick besteht darin, nicht den eigenen Maßstab anzuwenden, sondern sich bereits das abstrakte Verstehen des Prinzips jeder Moral als moralische Leistung anzurechnen. Auf diese Weise entstehen nicht nur reihenweise unmenschliche Urteile. Das Verurteilen einer anderen Gemeinschaft wird auch zur moralischen Selbstbestätigung, die man sonst angesichts der eigenen Erinnerungen nicht erreichen konnte. Nur wenn jemand uns lobt, fliegt der Trick sofort auf. Uns = Wir = Ich = Abwehr.

Aus großer Höhe betrachtet, sieht der deutsch-deutsche Wettbewerb wie das ideale Gleichgewicht aus: Das eine System wird dem anderen zum Gegengewicht, was zuverlässig die Unwucht auf beiden Seiten ausgleicht, denn wenn das Böse immer auf der anderen Seite zu suchen ist, garantiert eine Mauer sogar die Stabilität der ganzen Welt. Aber ob das tatsächlich so ist oder nur eine schöne Vorstellung, findet man erst heraus, wenn jemand die Mauer einreißt. Wie auch immer die Probe schließlich ausgefallen ist – man wird doch einmal durchatmen und sagen dürfen, wie herrlich es ist, dass dieses scheußliche Ding nicht mehr steht!

Vierzig Jahre deutsch-deutsches Gegeneinander, vierzig Jahre gegenseitiges Belauern im

Urteilsexzess – gedeckt durch den Ost-West-Konflikt, übten sich die Deutschen in bösartigem Missverstehen und planmäßiger Selbstüberhöhung. Und wieder durchdrang die Politik alles. Nur war es diesmal kein gleichgeschaltetes, sondern ein vierfach gespiegeltes Denken. Jede Handlung, aber auch jeder Text, jeder Satz, schließlich jedes Wort musste mit dem Urteil und auch dem Missbrauch aus vier Richtungen rechnen: dem des eigenen Deutschlands, dem des feindlichen Deutschlands, dem des Ostens und dem des Westens. Wir sind uns heute der zerstörerischen Folgen einer Schere im Kopf sehr bewusst. Und nun stellen Sie sich einmal vor, es wären gleich vier! Am einfachsten ist es noch, wenn man sich mit einem einzigen Beobachter gemein machen kann, reflexhaft über alles andere herfällt und in Gesprächen keine eigene Position erkennen lässt.

Kritik von außen war stets Propaganda, das Schönfärben der eigenen Bilanzen und das Vertuschen von Mängeln gebot die Pflicht zur Selbstverteidigung. Alle Leistungen der anderen Seite waren selbstverständlich erlogen, alle eigenen Verdienste ungerechterweise nicht genügend anerkannt. Für eine Gemeinschaft der Misstrauischen wurde das zur Schule eines Denkens, vor dem nichts Bestand haben darf außer dem, was nicht hinterfragt werden darf. Denn vor allem die Kritik am eigenen System wird ausnehmend schwierig, wenn alle ständig mit Überläufern, Verrätern und Verführern rechnen. Auch wenn sich das «Dann geh doch nach drüben!» im Westen harmloser anhörte als die Nachfragen von der Staatssicherheit in der DDR, konnte beides das Ende einer Karriere bedeuten, denn auch die alte Bundesrepublik wollte keine Staatsfeinde im Staatsdienst (und keine wegen Sitzblockaden vorbestraften Lehramtsstudenten im Schuldienst). Jeder musste damit rechnen, dass sich die Reihen hinter ihm zu fest schlossen.

Wie wäre es, wenn Sie jedes Buch nur so schnell wie möglich nach Unerwünschtem abscannen würden, um daraufhin Listen aufzustellen mit allem, was man im Kreis der Gleichgesinnten möglichst effektvoll kritisieren könnte, zur Sicherheit auch noch angereichert mit all dem, was sich lächerlich machen lässt? Zur Not lässt sich ja auch immer sagen, es wäre zu lang oder zu kurz. Vielleicht kann man auf diese Weise den Autor ärgern, sofern er eitel genug ist, mit Sicherheit wird man sich selber ungemein schlau finden. Nur was hat man davon? Ist es die Lebenszeit, war es auch nur den Buchpreis wert, alles zu überlesen, das einen herausfordert und so zum eigenen Denken motivieren könnte? Entdeckt man so etwas Neues? Man möchte doch etwas mitnehmen können von der beschwerlichen Reise. Und dennoch lernt man auf diese Weise nichts anderes als das immer noch misstrauischere, immer noch ängstlichere Denken. Im schlimmsten Fall fängt man sich die Sucht ein, alles Fremde schon zu bekämpfen, bevor man sich die Chance gegeben hat, daran zu wachsen; und die Angst, selber noch irgendetwas Eindeutiges zu tun und zu sagen. Kluger Egoismus ist das nicht. Habe Mut, dich deines Verstandes ohne die Leitung eines Anderen zu bedienen, bedeutet eben auch, andere Leitsterne des Denkens zu finden als die bloße Negation des Anderen.

Mit der Wiedervereinigung der Deutschen hätte eigentlich das Verurteilungs-Ping-Pong aufhören müssen. Aber stattdessen ergab sich eine Asymmetrie, denn es war zu einer Reihe von Ereignissen gekommen, mit denen man nicht hatte rechnen können. Die Ostdeutschen hatten das geschafft, was die Deutschen der 1940er-Jahre nicht geschafft hatten: die Selbstbefreiung durch mutige Proteste. In der bewussten Entscheidung gegen den Kommunismus und für die demokratische Mitbestimmung hätte man eigentlich auch eine echte moralische Selbstbestätigung erkennen können. Aber kurz danach fiel Sowjetrussland zusammen und damit auch die Instanz, die zur routinierten Verurteilung der Bundesrepublik legitimiert hatte. Alles gleichzeitig, also sich vom Alten freikämpfen und allein ohne jede Rückendeckung neu anfangen, war zu viel. Vermutlich liegt es auch daran, dass aus der Idee einer Wiedervereinigung in der Praxis eher die Ausdehnung der alten Bundesrepublik wurde, obwohl dieses System über Jahrzehnte das Feindbild gewesen war. Die gegenseitigen Verurteilungen fanden jedenfalls eine unrühmliche und vor allem ganz unnötige Verlängerung im Ossi-Wessi-Geschwätz.

Wir stellen uns das Denken gern als etwas Abgehobenes vor, als irgendetwas, das über allen Wassern schwebt und vor allem über dem Körper. Tatsächlich ist genau daran etwas richtig: Weil Denkungsarten durch Imitation und den Spracherwerb gelernt werden können, überleben sie die Menschen, die sich mit diesen Denkungsarten über Wasser hielten. Wenn man sie aber ohne Grund anwendet, entwickeln Denkungsarten eine Eigendynamik. Nur wenige aus den Generationen, die persönliche Erinnerungen an Hitlers Deutschland haben, sind heute noch am Leben. Diejenigen, die eine Verbindung zwischen sich und den Verbrechen gar nicht bestreiten konnten, ohne sich zu verleugnen, sind also gar nicht mehr da. Ihre Probleme mit dem Ich, das alle Vorstellungen begleitet, haben die Deutschen inzwischen nicht mehr. Die Denkungsart ist nur noch eine Gewohnheit, kein dringendes Bedürfnis, weil die körperlichen Erlebnisse einer anderen Generation angehörten. Wer die lebendige Verbindung zu den Bedingungen eines bestimmten Denkens und der Denkkultur nicht mehr hat, weil er diese lebendige Verbindung schlicht nie gewesen ist, verwendet ein mächtiges Werkzeug nicht mehr zur Sicherung des eigenen Überlebens. Ein Motor, der nichts mehr antreiben kann, weil der Keilriemen gerissen ist, dreht durch. Genau das tun Denkungsarten, die aus Gewohnheit und ohne Not weiterverwendet werden, auch. Oder anders: Wer sich verpanzert und bei jeder Gelegenheit alles von sich weist, obwohl niemand ihn attackiert, fühlt weniger von der Welt, als er könnte, und schlägt, was ihn gar nicht haut.

Unabhängig vom deutschen Selbstverständnis hat sich mit der Wiedervereinigung das Gewicht Deutschlands in der Welt geändert: Die neue Bundesrepublik ist seitdem die größte Demokratie Europas, erwirtschaftet das mit

Abstand größte Bruttoinlandsprodukt und hat damit die Kräfteverhältnisse in der Europäischen Union grundlegend verschoben. Durch den Beitritt ehemaliger Staaten des Ostblocks zur Europäischen Union und dank weiterer Bündnisse hat die Bundesrepublik gar keine Außengrenzen mehr, von denen eine Gefahr für das Land ausginge. Die deutsche Demokratie ist trotz gelegentlich auftretender verfassungsfeindlicher Erscheinungen vermutlich die derzeit widerstandsfähigste Demokratie der Welt. An Anerkennung aus dem Ausland fehlt es nicht, auch wenn mit der Distanz die Dinge immer schöner scheinen, als sie es sind. Auffällig war allenfalls das seltsame Selbstimage, als könnte man sich ausgerechnet mit dem Verweis auf eine beispiellos mörderische Vergangenheit zum moralischsten aller Akteure qualifizieren. Die Selbstgefälligkeit, mit der die Deutschen in der Welt als Oberlehrer für ausschließlich auf höchsten Werten zu gründende Außenbeziehungen auftreten, ist gelegentlich etwas peinlich. Die Angehörigen dieses Volkes, vom Außenpolitiker bis zum krudesten Staatsgegner, scheinen die Neigung zu haben, alles und jeden an bisher von niemandem realisierten Idealen zu messen und diese Belehrung bereits für eine besondere Leistung zu halten.

Als ich 1985 in der Schule von meinem ersten Besuch in der DDR berichtete, nahm mich am nächsten Tag ein Lehrer zur Seite, den ich nur vom Sehen kannte. Er wolle nur fragen, warum ich dort hingefahren sei und ob ich überhaupt wisse, was das für ein Land ist. Ich weiß nicht, ob ihn die Antwort beruhigt hat, dass es dort erfreulich bezahlbare Klassikerausgaben gab und ich zur Begrüßung *LTI* von Victor Klemperer geschenkt bekommen hatte. Ich hätte Freunde dort. Und ich will auch heute noch nicht wissen, ob es für eine Stasi-Akte gereicht hat.

IV. Hamburg erschien mir nie wieder so freundlich wie am 12. September 2001. Die Menschen schauten einander in die Augen, ob im Hauptbahnhof, im Bus, auf dem Gehweg, in Geschäften. Die Innenstadt war nicht so belebt wie sonst. Und im Café passierte das schier Unvorstellbare: Die Servicekraft blieb länger als nötig bei meiner betagten Tante und mir am Tisch stehen. Als wenn niemand an diesem Tag allein sein wollte. Meine Tante, die schon lange nicht mehr in Hamburg wohnte, sondern vom Dorf zu unserem jährlichen Stadtbummel angereist war, fand es genauso auffällig wie ich, aber wir fanden es schön. Es fühlte sich nicht nach Trauer an. Eher wie beim Besuch einer Ausstellung einmaliger Leihgaben. Und dann erzählte mir meine Tante unvermittelt zum ersten Mal, dass sie vor fast genau zweiundsechzig Jahren Adolf Hitler begegnet war. Der

Führerkonvoi kam durch die Stadt, die Schüler waren abgestellt, um mit Fähnchen zu winken. Liselotte war fünfzehn und hatte nicht die geringste Lust zu diesem Quatsch. Aber dann kam Hitler im offenen Wagen vorbei, und sie war vollkommen hingerissen. Der Spuk war genau so schnell weg wie der Wagen, und sie hatte sich den ganzen Heimweg fürchterlich geschämt. In ihrem Zuhause war man gegen die Nationalsozialisten und machte sich über den peinlichen Cousin lustig, vor dem man aber immer einige Mitarbeiter verstecken musste, wenn er zu Besuch kam. Er fand sich in seiner schwarzen Uniform offensichtlich schön. Dass er sich bei Kriegsende erschoss, überraschte keinen. Aber meine Tante verstand sich noch im Jahr 2001 nicht und war immer noch zutiefst von sich enttäuscht.

Es braucht etwas Zeit, bis man die Schwächen der gelernten Denkungsart bemerkt, wenn man wenigstens schon einen Kompass hat. Denn immer, wenn man darauf schaut, ist ja schon alles ganz richtig. Dass die Kondition nicht gut genug und das Gelände uneben ist, spürt man eher, als man es weiß. Das ängstliche Denken verursacht Kosten. Man steht sich im Weg: zur Welt, zu den anderen, zu sich selbst. So erfolgreich die Flucht in die Geschäftigkeit macht, so dick ist der Panzer, mit dem man reist: Mit den Taschen voller Geld bleibt die ganze Welt ein Marktplatz.

Versuche, sich von den Begrenzungen des ängstlichen deutschen Denkens zu befreien, wurden in jeder Generation wieder unternommen. Man könnte die deutsche Nachkriegsgeschichte auch frei nach einem Märchen aus der Sammlung der Brüder Grimm nennen: «Von einem, der auszog, das Fürchten zu verlernen.» Vielleicht gelänge uns so endlich eine Geschichte des gemeinsamen deutsch-deutschen Wegs. Die Ergebnisse all dieser Befreiungsversuche hängen bis heute davon ab, welcher Aspekt der Denkungsart einen am meisten belastet, von welchem man sich also am einfachsten abstoßen kann.

Von den engen Räumen der simulierten Gespräche? Die Rebellion gegen den Muff, die Flucht aus der altdeutschen Gemütlichkeit, in andere Gegenden, Gespräche mit freieren Menschen, noch einmal in einer anderen Sprache denken lernen: beinahe ein neues Ich. Nicht wenige sind stolz, wenn sie in der Ferne als Einheimischer durchgehen, und bringen ein Gefühl für Sprachkritik mit zurück. Die Manie, auf jedes Wort zu achten, als hinge davon das Leben ab, bietet reichhaltigen Anlass. Das misstrauische Lesen macht einigen Spaß, so wie jede Kritik, nur dass Misstrauen und Kritik ihre eigene Dynamik haben und die Lautstärke beim Lesen stört.

Das instabile Ich? Das lässt sich nicht abhängen, aber es bringt das Schönste hervor, wenn es sich traut, von sich zu sprechen. Ein Erzählen aus der Unsicherheit schafft den Autoren und Künstlern einen ganz eigenen Halt. Sogar andere haben etwas davon, jedenfalls solange der Erzähler es überlebt. Die deutsche Literatur schafft sich seit den Sechzigerjahren zwar nicht die Angst aus dem Denken, aber verweigert sich doch der Wiederholung in der Angstschleife und findet so mit Glück auch eine Existenz.

Rebelliert man gegen die Kulturen, die die Deutschen lernen und wachsen ließen? Die Wege, sich davon zu distanzieren, fangen meist mit «Anti-» an und hören dann bald mit «-Feindlichkeit» auf. Weil sie so leicht mit dem mündigen Denken zu verwechseln sind, lässt sich die Radikalisierung schnell übersehen. Mancher Versuch, sich von der Anleitung durch die Siegermächte zu befreien, eskaliert im Drang, gleich die ganze Geschichte zurückzudrehen und so zu tun, als hätte es nie einen Anlass gegeben, Deutschland zu besiegen.

Es gibt eine auffällige Scheu, Menschen ernst zu nehmen, die Aufmerksamkeit erreichen wollen, indem sie abenteuerliche Erzählungen statt deutscher Geschichte verbreiten. Offensichtlich geht immer noch beides nebeneinander: der mahnende Ruf zur Erinnerung und die Verharmlosung heutiger Verbrechen; ein Gesetz gegen Volksverhetzung und die deutsche Neigung, Gewalttaten auf Einzeltäter zurückzuführen, wenn sich der «Migrationshintergrund» nur bei den Opfern finden lässt. Dabei ist es doch kein Zufall, dass kaum eine Verschwörungstheorie in Deutschland ohne den Bezug zum nationalsozialistischen Erbe auskommen mag, als wäre das der perfekte Hebel, die Gesellschaft, den Staat und die Demokratie insgesamt aus den Angeln zu heben. In einem Land, in dem die Erinnerung aus guten Gründen zur Pflicht gehört, die Verkündung moralischer Pflichten aber als solche schon den Selbstwert steigert, droht der Kampf um die Deutungshoheit existenziell zu werden. Exekutionslisten wurden und werden nicht selten mit irgendeiner Deutung nationalsozialistischer Verbrechen begründet, wenn sich die selbsternannten Scharfrichter nicht gleich selber als Widerstandskämpfer ausgeben. Keiner von ihnen, nicht einmal die Leugner, brauchen ein Denkmal, um sich an die deutsche Schande zu erinnern.

Für ein Volk, das vor achtzig Jahren noch mitten in Hitlers Weltenbrand steckte, der allein in Stalingrad weit über eine Million Menschen mehrerer Nationen zu Tode brachte, während der Massenmord an den Juden bereits bis zur Niederlage noch mehr Leben genommen hatte – für ein solches Volk haben die Deutschen es weit gebracht. Es gibt keine Anzeichen dafür, dass sich unsere Demokratie so schnell abschafft. Der deutsche Abstieg in die Unterwelt und unser Umgang damit hat die Kultur geprägt. Die Beschäftigung mit der deutschen Geschichte hat vielen Opfern wenigstens ihr Gesicht wiedergegeben und dazu geführt, dass man die Deutschen inzwischen wieder gern sieht. Die Siegermächte und ihre Unterstützer haben alles Recht auf elterlichen Stolz.

Doch Krieg überfordert alle Menschen. Darum gibt es die Charta der Vereinten Nationen. Das Leben in der modernen Welt ist kompliziert genug, auch wenn niemand die Souveränität anderer infrage stellt und zu den Waffen greift, um nur seinen eigenen Willen durchzusetzen.

Deutschland war gleich zweimal entscheidend für diesen Völkerrechtsvertrag: Unser totaler Krieg war der wesentliche Anlass, die Idee unseres Philosophen Immanuel Kant legte dazu den Grund. Warum mag man jetzt ausgerechnet in Deutschland nicht einfach zugeben, dass der völkerrechtswidrige Angriff von Putins Russland auf die Ukraine uns auf besondere Weise verunsichert? Warum muss es unbedingt so aussehen, als hätten wir alles bestens im Griff, obwohl die ganze Welt doch längst sehen kann, dass es nicht so ist? Es wissen ja alle von unserer Vergangenheit, und wir haben gute Erfahrungen damit, dass wir Unterstützung bekommen, wenn wir uns verirrt haben.

Vermutlich, weil die Antwort uns peinlich wäre: Das ängstliche Denken, das die Deutschen lernten, half in erster Linie ihnen selbst. Es ist ein Denken der Abwehr, das Ringen um Stabilität um jeden Preis. Weil wir das moralische Urteil über uns selbst gesprochen haben, dient das Aussprechen von moralischen Urteilen und die Verehrung von Idealen als Gegengewicht zu dem bleibenden Misstrauen in die deutsche Identität und den Zusammenhalt der Gemeinschaft. Überforderung ist die Angst, einer Situation nicht gewachsen zu sein, weil man den Gedanken an die eigenen Fehler nicht erträgt.

Putins Krieg, ja schon der Gedanke daran, brachte das deutsche Denken an seine kritische Drehzahl. Wladimir Putin schlug uns alle Gegengewichte weg. Man kann es auch eine Notabstellung nennen. Jeder Neustartversuch ist bisher nur kurzfristig von Erfolg, weil jedem immer wieder die Maschine durchdreht.

Unsere Denkungsart ist nicht dafür gemacht, sich im Krieg umsichtig zu orientieren. Wir haben sie entwickelt, um genau das nicht mehr zu können. Hitlers Deutschland hat seine Nachbarn überfallen und noch die Nachbarn der Nachbarn. Es hat Krieg geführt gegen die Mitmenschen im eignen Land, hat sich die Idee des ewigen Feindes und «Volksverräters» konstruiert und dann Juden in ganz Europa gejagt und millionenfach ermordet. Das einzig Sinnvolle, das Hitlers Deutsche getan haben, war, bedingungslos zu kapitulieren, aber auch das haben wir nur geschafft, weil die Welt uns dazu gezwungen hat. Jeder, der heute Deutscher ist, der hier lebt und denkt, weiß das. Und wir wissen auch, dass es jeder weiß. Doch wir sind uns sicher, dass wir die Welt nur enttäuschen können, die zurecht erwartet, dass wir nicht nur um uns kreisen, sondern jetzt auch helfen, so gut wir es vermögen.

Die Weltordnung, die der russische Präsident in Wort und Tat so unbedingt verändern will, ist die Weltordnung, die entstand, weil wir verheerende Fehler gemacht haben und damit wir sie nicht noch einmal machen können. Die Europäische Union mag für jeden europäischen Staat etwas anderes gewesen sein. Aber für die Deutschen ist «die alte Weltordnung» das sichere Haus, in dem ein Volk der Kriegsverbrechen und Massenmorde herausfinden konnte, ob es mehr sein kann als das. Und in dieser Weltordnung gab es auch endlich wieder freundschaftliche Beziehungen zu Russland. Zu Michail Gorbatschows Russland, zu Boris Jelzins Russland und zu Wladimir Putins Russland. Dass heute viele der besten russischen Männer und Frauen und alles jenseits und dazwischen aus ihrem Land fliehen und bei uns Zuflucht suchen, ist nur ein sehr kleiner Trost für diesen Verlust. Ja, Deutschland ist ein kluger Geschäftspartner und zeigt bisweilen Ellenbogen, die an den guten alten Panzerstahl erinnern. Aber es ging doch nie nur um Wirtschaftsinteressen! *Wandel durch Handel* haben nicht die Deutschen erfunden und auch nicht die Sozialdemokratische Partei (SPD). Es ist eine Hoffnung, die wir gelernt haben, als auf den Vernichtungskrieg kein Vernichtungsfrieden und auch nicht nur Rechnungen für verursachte Schäden folgten, sondern Aufbauhilfe und das Angebot, in eine größere Wirtschaftsgemeinschaft zurückzukehren. Vermutlich sollte niemand so sehr daran zu glauben lernen wie Russland.

Deutschland ist so fest mit dieser «alten Weltordnung» verbunden, dass wir uns nicht einmal vorstellen konnten, dass jemand sie im Alleingang zerschlagen will und die Aussichten seiner eigenen Gesellschaft gleich mit. Haben wir deshalb nicht zugehört, als man uns wieder und wieder gewarnt hat, und die Warnung nicht einmal geglaubt, als die Panzer schon an den Grenzen der Ukraine standen?

Die Deutschen können über Putins Russland im Krieg nicht nachdenken, ohne ständig an sich zu denken. Das fällt für uns nicht günstig aus, wir müssten vieles eingestehen, das zuzugeben uns auch nach so langer Zeit nicht leichtfällt. Es gibt viele Bücher in unseren Bibliotheken nur, um genau das zu vermeiden. Der Angriff auf die Ukraine ist furchtbar, der Bombenhagel erbarmungslos, die Spur von Kriegsverbrechen erschreckend, und dass vieles schon jetzt nach genozidalen Absichten aussieht, schnürt einem die Luft ab. Aber natürlich ist das nichts im Vergleich zu Adolf Hitler. Wir wissen genau, warum wir nicht gern vergleichen.

Hitler wollte die Welt nicht erziehen, ihr keine Lektionen erteilen wie der russische Präsident, der seine Ansprachen mit der genervten Geduld eines enttäuschten Lehrers vorträgt, als wäre Krieg eine Erziehungsmaßnahme. Hitler wollte von Anfang an vernichten, weil Menschen ihm oft im Weg standen: im Weg zu seiner Herrenrasse, zu seinem Volkskörper, der größer werden sollte, obwohl er schon Platzangst hatte. Aber auch zu Hitlers Waffen gehörten Worte, Wahn, Lügen und dieses besondere uneindeutige Sprechen, das Arbeiten mit den Missverständnissen der Anderen und dem Verstehen der Eigenen, das Spiel auf einer einzigen Bühne für mehrere Welten.

Und dann der Angriff auf den Glauben in die Wahrheit. Den Einsatz der Postmoderne als Waffe hatten die Deutschen lange erfunden, bevor sich ein russischer Präsident hinstellen konnte, um sich über diese «Dekadenz des Westens» zu echauffieren und dennoch vor allem im Westen damit Eindruck machen will. Wer mehr darüber erfahren möchte, was das Spiel mit Wahrheiten anstelle der Suche nach der Wahrheit aus einer Gemeinschaft macht, braucht nur auf Deutschland zu sehen, denn wir haben es mehrfach vorgeführt bis zur Orientierungslosigkeit. Wir kennen die Methoden. Als wenn Putins eigene Bevölkerung ohne das Unterhöhlen des Wahrheitsbegriffs und aller wissenschaftlichen Ansprüche überhaupt noch ruhig schlafen könnte bei dem, was in ihrem Namen geschieht! Dass die Welt so kompliziert ist, dass man sie lieber den Profis überlässt, ist ein Lied, von dem wir alle Strophen auswendig kennen. Schlaf, Kindchen, schlaf ... Wenn wir besser zugehört und gelesen, wenn wir verglichen hätten, wenn wir versucht hätten zu beschreiben, was wir sehen – die Erfahrung der Deutschen wird wenigstens rückblickend beim Verstehen helfen können. Und vielleicht lernen wir dabei auch, angstfrei zu schreiben und neugieriger zu lesen.

Irgendwann, wenn dafür Zeit ist, werden wir viel darüber reden müssen. Und auch darüber, wie es dazu kommen konnte, dass Herr Putin so schlecht über «den Westen» denkt und damit auch meint, dass die Deutschen den Westen im

Zweifel eventuell doch verraten könnten – für billiges Gas! Deutsche Überforderung beginnt schon beim Aussprechen von Wörtern mit drei Buchstaben.

Angst macht unaufrichtig. Das ängstliche Denken ist die Sorge, nicht den Ansprüchen zu genügen, also dass man verlieren könnte, was so wichtig für das deutsche Selbstverständnis ist: Vertrauen und Anerkennung in unseren sicheren Gang. Schwindelt eigentlich jeder, der unbedingt beweisen will, dass er doch nicht nur schlecht ist?

Das ist vermutlich eine der Altlasten, die die Kinder und Enkel des Nationalsozialismus mit denen der Sowjetunion gemeinsam haben: Für beide Systeme gab es nur Gläubige oder Verräter. Darum versteckt man seine Fehler und kommt gar nicht darauf, dass man so in jedem Fall dumm stirbt und ansonsten Schaden anrichtet. Wie können Sie sich erklären, dass jemand in einer deutschen Traditionsfirma eine kostspielige Abteilung für Schummelsoftware für eine gute Idee hielt? Jede Kaufmannstochter lernt mit der ersten Rechenaufgabe, dass Kundenvertrauen die Basis fürs Geschäft ist. Wer spricht alle Jahre wieder von großer Bildungsreform und Investitionen in Ausbildung und Studium, wenn man doch weiß, dass es in ein paar Jahren auffliegt, dass zu wenig passiert, obwohl ein Land ohne Fachkräfte keine gute Idee ist? Und Krankenhäuser ohne genügend Personal auch nicht. Wer schafft Corona-Warn-Apps an, weil das Vertrauen in die eigene nicht besteht, will aber unbedingt keine aus dem Ausland einkaufen, weil man ja alles besser kann?

Respekt vor den Leistungen überall auf der Welt ist keine Frage des geschäftsfördernden Smalltalks, sondern die Voraussetzung dafür, alles zu finden, was andere besser machen als wir. Lernen kann nur, wer keine panische Angst davor hat, vor etwas Neuem zu stehen, über das man nicht sofort Bescheid weiß. Wenn das laut zur Schau gestellte Selbstvertrauen zum Vertuschen von Fehlern führt, weil man sonst als

Hochstapler auffliegt, obwohl man einfach nur dazulernen muss wie alle anderen ständig auch, bringt einen das in heillose Schwierigkeiten. Man gibt doch auch keine Doktorarbeiten ab, die man nicht selber geschrieben hat.

Wer hätte uns denn nicht verstanden, wenn wir mehr darüber erzählt hätten, dass vielen Menschen in Deutschland der Gedanke an eine Bundeswehr so schwerfällt, weil wir die Vorstellung von Panzern, die nicht fahrbereit sind, und Hubschraubern, die nicht fliegen, eigentlich noch schöner finden als das schöne Geld, das eine Armee nun mal kostet? Man kann doch erklären, warum wir beides auf einmal können: herausgeputzte Soldaten beeindruckende Waffen vorführen zu lassen, von denen wir gar nicht genug haben, aber es irgendwie doch schaffen, gleichzeitig zu den größten Waffenexporteuren in der Welt zu gehören. Hannah Arendt hatte vollkommen recht mit dem banalen Bösen, nur die Datierung war nicht ganz präzise. Die größte Verbreitung fand es in Deutschland, nachdem wir wieder Handel treiben durften und noch mit dem verdienten, das wir nie wieder anfassen wollten.

Deutschland ist immer noch das bestbeobachtete Land der Welt, und das ist auch gut so. Aber wir haben Schwierigkeiten, uns selber zu beobachten. Darum bleiben wir mehrdeutig, wann immer es geht. Wenn man uns darauf anspricht, werden wir vermutlich leugnen. Dann werden wir vertrösten, uns auf Zusagen einlassen, die wir aber nicht zuverlässig einhalten, uns auf bedauerliche Missverständnisse herausreden, äußere Schwierigkeiten entdecken, alle Versäumnisse anderer aufzählen, uns unglaublich ungerecht behandelt fühlen, einen Verantwortlichen markieren und entlassen, und wenn es gut für uns läuft, schnell etwas erfinden, auf das vor uns keiner gekommen ist, um schließlich einen bedingt geistreichen Scherz zu versuchen. Darum sind wir so gut in der Qualitätskontrolle in einer arbeitsteiligen Produktion und überhaupt im Kontrollieren der Leistungen anderer. Und darum sorgen wir uns um den Schutz unserer Daten so viel mehr als andere. Wir wissen nicht, ob wir ansonsten selber die Qualitätskontrolle bestehen.

Vielleicht hätten wir längst davon erzählen müssen. Und vielleicht hätten wir auch dem russischen Präsidenten früher etwas sagen können, das ihm offenbar bisher niemand gesagt hat:

Wladimir Putin hat recht.

Demokratie ist die anspruchsvollste Herrschaftsform, die Menschen bisher gefunden haben.

Demokratie garantiert keine absolute Sicherheit und keine Stabilität.

Demokratie hat auf die meisten Menschen eine unwiderstehliche Anziehungskraft, auch wenn sie nicht immer wissen, was diese Herrschaftsform ihnen dann abverlangt.

Die praktische Politik braucht in einer Demokratie mehr Zeit als in einer Autokratie.

Die notwendigen Elemente der Demokratie bergen Risiken: Wahlen sind ergebnisoffen, freie Medien sind gefährlich, Meinungsfreiheit kann eine Gefahr für Wissenschaft und die Freiheit der Medien sein – und im Zweifel kann man niemanden zur Vernunft zwingen.

Aber wie ist der russische Präsident bloß auf den Gedanken gekommen, dass wir das nicht alles längst wissen? Glaubt er ernsthaft, man könnte uns damit erschrecken? Oder dass wir aus dem Unbehagen darüber, dass auch ein Wladimir Putin einmal etwas Richtiges sagen kann, lieber Tatsachen leugnen und uns zu Lügnern machen wie er? Rechthaben – das ist keine harmlose Sache, denn Wissen ist nie unverbindlich. Jemand, der rational genug ist, um lange Reden zu halten, große Weltverteilungspläne zu erdenken, auf seine Umwelt zu reagieren und Demokratisierungsprozesse so sehr fürchtet, der weiß doch auch längst, dass man mit Gewalt nur die eigene Schwäche beweist.

Warum sollten wir Herrn Putin ausgerechnet mit seinem Wissen davonkommen lassen? Wir können doch auch tun, was er sich offenbar nicht traut: es ernst nehmen, statt sich davor zu fürchten, weiter zu denken.

Demokratie scheitert als Garant für absolute Sicherheit und Stabilität in alle Ewigkeit, weil jede menschliche Organisation daran unvermeidlich scheitert. Der Mensch ist wesentlich Möglichkeit, was das Leben und vor allem das Miteinanderleben zu einer unberechenbaren Angelegenheit macht. Sogar der Herrscher im totalen Staat oder seinen Abstufungen ist nur dann sicher, wenn er nicht mehr schläft. Es ist hingegen der Vorzug einer frei gewählten Regierung, dass jedes Mitglied nach Belieben wieder in sein Privatleben geschickt werden kann, wenn die Bevölkerung lieber andere im Amt hätte. Das Resultat der Wahlen in einer Demokratie mag schwer kalkulierbar sein, aber dafür ist es nicht tödlich.

Demokratische Entscheidungsfindung ist langwierig, praktische Politik braucht also viel Zeit. Aber wer politisch aktiv sein will, kann sich nicht nur mit seinesgleichen einigen wollen. Denn dann müsste man sich ja gar nicht mehr einigen. Es ist richtig: Demokratie beruht auf dem Versprechen, dass alle miteinander entscheiden können. Aber kein Herrscher der Welt kann sich sein Volk aussuchen. Jeder muss mit den Menschen klarkommen, die da sind. Nicht einmal ein Massenmord würde daran auf Dauer etwas ändern.

Demokratie setzt der Macht der Regenten enge Grenzen. Genau darum verführt sie die Menschen. Es ist gerade nicht Macht, kein Geld, keine Lüge, kein falsches Versprechen. Eben weil jeder Mensch weiß, wie schnell Macht und Geld korrumpieren, zieht die Idee einer Balance aus Recht und Freiheit uns an. Niemand wird das ändern.

Freie Medien sind gefährlich, weil alles irgendwann an den Tag kommen und jeder alles wissen kann. Weil das so ist, sind insbesondere die Menschen in Machtpositionen motivierter, vorher darüber nachzudenken, was man besser lässt.

Meinungsfreiheit geht allen auf die Nerven. Die meiste Zeit reden Menschen, die irgendetwas sagen, mit dem man nichts anfangen kann, und die nichts mit dem anfangen können, was sie hören. Kritik ist allgegenwärtig. Irgendjemand widerspricht immer. Nicht jeder ist dabei nett oder klug oder hat etwas beizutragen. Es wird aber besser, wenn man nicht immer vom Schlimmsten ausgeht, sondern einfach erst mal liest und zuhört und mitnimmt, was einem hilft.

Aber ja, auch die Demokratie muss wehrhaft sein. Sie muss die Wissenschaft verteidigen, die Medien und die Datenkanäle sichern und im Notfall auch Freiheit, Souveränität und das Leben all jener beschützen, die in einer Demokratie leben wollen. Doch das Maß für die Stärke einer Demokratie ist nicht die Unangreifbarkeit, sondern der Umgang mit den Schwächsten in der Gemeinschaft.

Dass auch Demokratien Waffen, Soldaten und Geheimdienste brauchen, unterscheidet sie nicht von jeder anderen Staatsform. Wer noch nicht so recht weiß, wie diese Formen der Wehrhaftigkeit zu bewerkstelligen sind, muss darüber mit den anderen sprechen, so wie auch die Deutschen darauf hoffen müssen, dass man uns hilft herauszufinden, womit wir dann wirklich zuverlässig für andere da sein können. Denn zur Demokratie gehört die Bündnisfähigkeit, weil es jederzeit möglich ist, dass irgendwann irgendwo irgendjemand meint, Regeln würden für ihn nur so lange gelten, bis er hofft, mit brachialer Gewalt weiter zu kommen.

Wladimir Putin will der Welt einreden, dass er stärker ist als der Westen, weil wir dekadent geworden seien, den Glauben und die Werte vergessen hätten und überhaupt zu naiv wären, um in der Demokratie die Lüge zu erkennen. Die Demokratie sei doch nur das Deckmäntelchen für den archaischen Kampf um Macht für die Wenigen, die Wahrheit sei immer nur die Wahrheit der Stärksten. Und weil die Internetseite des Kreml frei zugänglich ist, kann man das und alles andere auch jederzeit nachlesen, wenn Herr Putin nicht ohnehin gerade der ganzen Welt erklärt, dass er doch eigentlich nur das Beste für alle Menschen im Sinn hat.

Wer so gern und so viel spricht und schreibt wie Wladimir Putin, muss sich die Frage gefallen lassen, warum ihm denn jemand glauben sollte. Denn offensichtlich weiß doch auch er, worauf die Stärke eines Arguments in Wirklichkeit beruht: auf dem Glauben an die Vernunft und auf dem Vertrauen der Menschen. Mit den Herrschaftsformen ist es nicht anders bestellt als mit den Argumenten. Wer immer sich behaupten will, kann das nicht, ohne die Menschen für sich zu gewinnen. Doch ganz gleich, ob jemand an die Kraft der Argumente oder der Verführung glaubt, wird man sagen dürfen, dass die Russische Föderation, die Regierungsform, der Rechtszustand und der Umgang mit den Schutzbefohlenen, derzeit nicht besonders erfolgreich für sich wirbt. Ein Präsident, der im Goldpalast lachend das Glas in die Kamera hebt, weil zur gleichen Zeit seine Raketen auf ein Nachbarland fallen, weiß zwar erschreckend viel von Dekadenz und Zerstörung, aber er ist alles andere als ein vertrauenswürdiger Weltweiser.

Ohne Vertrauen in die Möglichkeit des Zusammenlebens erhält sich kein Staat, nicht einmal in einer Gemeinschaft der Misstrauischen, die den Glauben, die Regierungsformen, die Ideale und Werte so oft und schnell gewechselt hat wie die Deutschen im 20. Jahrhundert. Wir haben 1945 die Demokratie nicht gewählt. Auch die Mitgliedschaft in der Europäischen Union, im Warschauer Pakt oder in der Nato wurden als Forderungen an uns herangetragen. Aber spätestens 1989, als Wladimir Putin in Dresden mit eigenen Augen sah, dass die Menschen für demokratische Mitbestimmung ihr Leben riskierten, will er zumindest im Rückblick nur die Manipulation des Westens gesehen haben. Sollten wir ihm jetzt vielleicht sagen, dass ängstlich Denkende einen anderen ängstlich Denkenden erkennen, auch wenn er seine Denkungsart auf anderem Wege erworben hat als wir? Und dass wir auch vom bösen Denken wissen.

Was die Demokratie von anderen Staatsformen wesentlich unterscheidet, ist nicht der Optimismus. Jeder Mensch weiß, dass Menschen dazu generell wenig Anlass haben. Demokratie ist nur eine Staatsform der Hoffnung, dass irgendwer irgendwo irgendwann doch etwas dazulernen könnte, und wir für diesen Fall den Raum und die Freiheit brauchen, offen über Unsicherheiten und sogar über Fehler zu sprechen. Dass unsere Demokratien und auch der Versuch einer freiheitlich-rechtlichen Ordnung der Staaten in den Vereinten Nationen keineswegs vollkommen sind, musste uns niemand erst vor Augen führen. Wir sind es, die einander immer wieder daran zu erinnern haben, was daran so viel besser ist als alle anderen Wege, die Menschen bisher versucht haben. Wenn die Demokratie in eine Krise gerät, dann müssen wir miteinander darüber sprechen und uns einander versichern. Und wenn sogar Wladimir Putin nicht verhindern kann, seinerseits zu erleben, welche Kraft der Wunsch nach Unabhängigkeit in Menschen zu entfesseln vermag und wie viel Bindungskraft Demokratien haben können, dann können vielleicht auch die Deutschen lernen, wie man sich anderen anvertraut. Manchmal dauert es lange, bis jemand versteht. Vielleicht braucht es dazu ein Ereignis, das die Grenzen des für uns Begreiflichen sprengt – für den Tag danach, an dem sich endlich alle in die Augen sehen.

Notiz für die Deutschen

Das Eingeständnis einer Überforderung ist keine Ausrede. Es ist ein Versprechen.

Bettina Stangneth wurde 1966 in Lübeck geboren und ist seit dem letzten Jahrhundert unabhängige Philosophin aus Überzeugung. Sie studierte Philosophie und einiges mehr in Hamburg, schrieb ihre Doktorarbeit über Immanuel Kant, forschte intensiv zur Judenfeindlichkeit von der Aufklärung bis zum Nationalsozialismus, gab vergessene philosophische Werke heraus und widmet sich seither dem *Dialogischen Denken* mit allen Risiken und Nebenwirkungen. Ihre Arbeiten wurden in mehr als zehn Sprachen übersetzt und mehrfach ausgezeichnet, zuletzt im August 2022 in Basel mit dem Internationalen Friedrich Nietzsche Preis für das philosophisch-essayistische Gesamtwerk. Die Autorin lebt in Hamburg.

Weitere Bücher von Bettina Stangneth bei Rowohlt

Eichmann vor Jerusalem

Böses Denken
Hässliches Sehen
Lügen lesen

Sexkultur

Die Rowohlt Verlage haben sich zu einer nachhaltigen Buchproduktion verpflichtet. Gemeinsam mit unseren Partnern und Lieferanten setzen wir uns für eine klimaneutrale Buchproduktion ein, die den Erwerb von Klimazertifikaten zur Kompensation des CO_2-Ausstoßes einschließt.

www.klimaneutralerverlag.de

FSC
www.fsc.org
MIX
Papier | Fördert gute Waldnutzung
FSC® C083411